R. Stäblein
Altes
Holzspielzeug
aus Gröden

Umschlagbild: Abbildungen aus Preisliste der Firma Insam & Prinoth a. d. J. 1888 (1890)

1980

Umschlaggestaltung: Roland Prünster, Bozen
Gesamtherstellung: ATHESIADRUCK, Bozen
ISBN 88-7014-176-4

Rita Stäblein

Altes Holzspielzeug aus Gröden

Die Entwicklung einer Heimindustrie

Mit Fotos von Robert Moroder
und Siegfried Stäblein

VERLAGSANSTALT ATHESIA · BOZEN

Vorwort

Mein Interesse für Grödens volkstümliche Schnitzereien zeigte mir bald, daß es in der älteren Literatur zwar immer wieder mehr oder weniger ausführliche — zum Teil widersprüchliche — Berichte über Grödens Heimindustrie gab, eine zusammenfassende Arbeit — nach Beendigung der Spielzeugproduktion — aber nicht geschrieben worden war. Nur mehr wenige Grödner, die selbst noch für diese Heimindustrie gearbeitet haben und die sich noch an Erzählungen ihrer Eltern und Großeltern erinnern, können Auskunft geben über die vergangenen Zeiten. Mit ihnen konnten in wiederholten Gesprächen spezielle Fragen geklärt, Zusammenhänge hergestellt und Datierungsversuche besprochen werden. Den Talbewohnern die mir Zeit und Wissen zur Verfügung stellten, und z. T. selbständig nach Material für diese Arbeit gesucht haben, möchte ich an dieser Stelle herzlich danken. Nicht alle konnten namentlich im Text erwähnt werden, obgleich jede Auskunft für mich wichtig war.

Ganz besonders möchte ich mich bedanken bei Frau Julie Giovanardi, Herrn Vinzenz Insam-Neuhaus (†), Herrn Alex Moroder, Herrn Robert Moroder, Herrn Adolf Senoner-Vastlé und bei ihren Familien. Sie haben mir in besonderer Weise und unermüdlich geholfen.

Außergewöhnliche Hilfe (und Fürsorge!) fand ich im Bibliothekssaal des Tiroler Landesmuseums Ferdinandeum, wofür mein Dank nach Innsbruck geht.

Ich danke der Verlagsanstalt Athesia für die ungewöhnliche — für mich ganz überraschende — Weise, in der mir ein Mitspracherecht bei der Ausgestaltung dieses Buches eingeräumt wurde, und für die freundliche Atmosphäre, in der alle Gespräche zwischen Verlagsleitung, Lektorat und mir geführt wurden.

Nicht zuletzt möchte ich mich bei meinem Mann und bei unseren Söhnen bedanken für Verständnis und Geduld, für die vielen gemeinsamen Fahrten nach Gröden und für jede Unterstützung, die ich von ihnen bekam.

Die in den Bildunterschriften angegebenen Datierungen habe ich auf Grund meiner Gespräche mit ehemaligen Arbeitern und Verlegern der alten Heimindustrie und auf Grund eigener Kenntnisse vorgenommen.

Ich bin jederzeit gerne bereit — soweit mein Wissen reicht — Fragen zu beantworten, die Grödens Heimindustrie und ihr Spielzeug betreffen.

Irschenhausen, im Sommer 1980

Rita Stäblein

I Einleitung

Bei der Bahnstation Waidbruck, zwischen Brixen und Bozen, zweigt eine Straße nach Gröden ab. Neben dem Dirsching- oder Grödner Bach läuft sie ansteigend in einer engen Schlucht, die sich nach rund elf Kilometern zum Grödner Hochtal öffnet, dessen Talboden nur knappe zehn Kilometer lang ist und am südlichen Talende von Grödens Wahrzeichen, dem Gipfel des Langkofels beherrscht wird.

Die Hauptorte Grödens St. Ulrich, St. Christina und Wolkenstein sind heute fast zusammengewachsen und geben das Bild eines Fremdenverkehrsgebietes. Es fallen die vielen Bildhauerwerkstätten und Geschäfte für Holzschnitzereien ins Auge. Hier und dort findet man ein Haus aus alter Zeit, und an den Hängen sieht man vereinzelt noch einen schönen Paarhof, typisch für diese Gegend. Neben dem steinernen, schindelgedeckten Wohngebäude stehen Stallung und Stadel zusammen in einem Holzbau mit rundum laufenden Galerien zum Aufschichten und Dörren u. a. kleiner Futterrüben, und mit dem Lattengerüst zum Trocknen des Getreides sofort nach dem Schnitt (mdl. A. Adolf Senoner-Vastlé).

Steingerät und Siedlungsreste, Funde aus dem Mesolithikum, (ca. 7000 v. Chr.) vom Grödner Joch zeugen von durchziehenden Jägern, während eine fortwährende Besiedlung des Tales nach heutigen Erkenntnissen erst ab der frühen bis mittleren Bronzezeit (ca. 1800—500 v. Chr.) anzunehmen ist (z. B. Fund eines Bronzedolches am Troj Pajan; mdl. A. Reimo Lunz).

Um das Jahr 15 v. Chr. wird das Grödner Gebiet von den Römern wahrscheinlich als Teil der Provinz Raetia dem Römischen Reich eingegliedert, und mit den römischen Soldaten, Beamten, Bauern und Sklaven kommt auch deren Sprache in das Gebiet des heutigen Tirol. Neben dem klassischen Latein verbreitet sich als eine Art Volkssprache das sog. Vulgärlatein, aus dem sich allmählich das Ladinische entwickelt (mdl. A. Lois Craffonara).

Die Bevölkerung Grödens bezeichnet sich, soweit sie heute nicht deutsch oder italienisch ist, immer noch als ladinisch und spricht untereinander, wie nur noch in wenigen, meist abgeschlossenen Gebirgstälern (z. B. Graubünden) ihre eigene Sprache, das Ladin. Fehlende Begriffe unseres modernen Lebens werden hier größtenteils als Lehnworte aus dem Deutschen und heutzutage vielfach auch aus dem Italienischen, hinzugenommen. Diese vom Aussterben bedrohte Sprache wird heute wieder ab der dritten Volksschulklasse an den Schulen Grödens gelehrt (mdl. A. Lois Craffonara, Robert Moroder, Adolf Senoner-Vastlé).

Marx Sittich von Wolkenstein, aus dem gleichen Grödner Geschlecht wie Minnesänger Oswald von Wolkenstein stammend, schreibt in seiner Chronik des Jahers 1600: *In disen tal Greten redt man auch die grob welsche sprach, die unser ainer nit verstein kan und wenig deisch* (Marx Sittich von Wolkenstein, S. 261).

Obgleich das Ladinische eine selbständige Sprache ist, hatte es mit vielen Dialekten gemeinsam, nur eine gesprochene Sprache zu sein und lebt in Form zahlreicher Varianten. Erste Bemühungen, in Dolomiten-Ladinien auch eine einheitliche Schreibart zu finden, fallen in den Anfang des 19. Jahrhunderts. Erste Versuche zur Erstellung einer ladinischen Grammatik werden zwischen 1833 und 1864 gemacht (mdl. A. Lois Craffonara).

Nach den Wirren der Völkerwanderung, zwischen dem vierten und siebten nachchristlichen Jahrhundert, gehört Gröden zum bajuwarischen Norigau. Hier hatten u. a. die Bistümer Freising und Augsburg Besitzungen.

Im Jahre 1363 übergibt die letzte Regentin der Gefürsteten Grafschaft Tirol, Margarethe Maultasch, nach dem frühen Tode ihres einzigen Sohnes, das Land in Übereinstimmung mit den Tiroler Landständen an das Haus Habsburg. Hier bleibt Südtirol, mit geringfügigen Unterbrechungen, bis zum Friedensvertrag von Saint Germain 1919, in dem es bis zum Brenner Italien zugesprochen wird; im Herbst 1920 besetzt Italien das Land. Somit kann gesagt werden, daß sich die Entwicklung und Blüte der alten Grödner Heimindustrie für Spielzeug zu österreichischer Zeit, ihr Ausklang hingegen — von 1920 bis etwa zum Zweiten Weltkrieg hin — in Zeiten italienischer Oberhoheit abspielt.

Wolkenstein beschreibt Grödens Landwirtschaft wie folgt: *Almen hat dis gerichtel* (Gemeint ist das Gericht Wolkenstein) *schone zue ... so kostliches gras und gute wurzen traget, darvon vil und grosse anzal gros und klains vich gezigel wirt und zu verkaufen haben samb schmalz und käs; wein und waizen wags nich da, aber was wenig von korn, aber kaine fricht mer aus grobe (Unwirtlichkeit) des ort und kolte (Kälte), aber von hey, gersten, panen, arbras, magen (Mohn), lissen (Linsen) und futer und ruben genug; ernoren sich von vich, so sy vil ziglen und verkaufen* (S. 258 f.).

Die Viehwirtschaft bleibt auch noch bis in die zweite Hälfte des 19. Jahrhunderts Haupteinnahmequelle für den größten Teil der bäuerlichen Bevölkerung, wobei Milchwirtschaft und Ochsenmast die Hauptrolle spielen.

Erst um 1864 wird von der Abnahme der Mastviehhaltung berichtet. Und 1891 heißt es bereits: *Überdies gibt es in Gröden sehr wenige größere Bauernhöfe, auf welchen Viehzucht betrieben werden könnte; meistens sind es Kleinhäusler, die nur ein bis vier Stück Nutzvieh halten können und hauptsächlich auf die Beschaffung der unerlässlichen Milch für die Familie sehen* (Franz Moroder, S. 91).

Beim Getreideanbau sieht es, bei nur geringer Ackerfläche, durch die klimatisch bedingten Schwankungen der Ernteerträge und durch magere Bodenverhältnisse schlecht aus. Im 18. Jahrhundert haben die Höfe noch eine Größe, bei der die geringen Erträge ausreichen. Die Verkleinerung dieser Höfe durch Erbteilung macht die Lage der Bauern in Hinblick auf ihre Landwirtschaft immer hoffnungsloser;

St. Ulrich 1883

St. Ulrich 1972 Foto: Alex Moroder

und so meint 1888 ein Kenner der Verhältnisse im Tal: *Man möchte fast sagen, daß der Landmann mehr aus Gewohnheit säet und erntet.* (G. Alton, S. 5)

Tatsächlich werden gegen Ende des Jahrhunderts bereits Ackerflächen aufgelassen — eine Entwicklung, die in unserem Jahrhundert stetig fortgeschritten ist. Die Gründe dafür mögen zwei Beschreibungen der Arbeit in Grödens Landwirtschaft erhellen.

Die erste stammt aus dem Jahre 1809: *Waizen und Haidekorn* (Buchweizen) *gedeihen beinahe nicht; das Erzeugniß von Roggen reichet für die eigene Verzehrung bei weitem nicht zu; nur an Gerste hat das Thal einigen Überfluß, den es in den benachbarten Gemeinden verkauft, oder gegen anders Getraide vertauschet; im Ganzen deckt die Getraid-Erzeugung der Grödner kaum die Hälfte ihres Bedürfnisses ... Mit nie zu ermüdendem Fleiße arbeitet ein Theil der Bewohner dieses so merkwürdigen Thales das in kleinste Parzellen zerstückte Feld, trägt auf seinem Rücken die Erde auf unfruchtbaren Felsen und bildet sich da, wo die Natur nur Moos und Flechten gedeihen ließ, ein Stückchen Acker; ja! wenn er zwischen den kaum zugänglichen Klippen ein mit Graß bewachsenes Plätzchen erblicket, zieht er wohl auch sogar seine Schafe an Stricken hinauf, und läßt es von denselben abweiden* (Intelligenzblatt für den Eisackkreis, S. 80 f.).

Den zweiten Bericht gibt uns Wilhelm Lutz im Jahre 1966: *Sehr oft trägt man Erde und Stallmist noch auf dem Rücken auf; allüberall schneidet man das Korn noch mit Sense und Sichel, zuweilen trägt man es sogar vom entlegenen Acker auf dem Rücken bzw. auf dem Kopf in den Stadel; die Kartoffeln hackt man aus dem Acker; und auf sehr vielen Höfen flegelt man auch heute noch das Getreide. Alle Mühsal bergbäuerlicher Arbeit verdeutlicht sich aber in dem Tun jenes Bauern ..., der bis zu seinem Tode (im Jahre 1940) auf seinen beiden Äckern den Stallmist mit der Hand aufzureiben pflegte, weil er ansonsten auf dem steilen Hang abgerutscht wäre.*

Da die Äcker in der Regel (sehr) stark geneigt sind, führt man die Ackerkrume in jedem zweiten Jahr vom unteren Rand des Ackers an den oberen Rand auf, ja oft trägt man sie auch auf. Ein mit Erde gefülltes Wägelchen wird hierbei mit Hilfe eines über eine Rolle laufenden Seiles entweder von einem hangparallel laufenden Zugtier oder aber auch von einer (bzw. zwei) mit einem leeren Wägelchen in der Fallinie bergab laufenden Person(en) über den Acker aufgezogen. Nicht selten wird auf die nämliche Weise auch eine Person mit vollem Korb „aufgezogen« ...

Den Stallmist (führt oder) trägt man vielfach auf die nämliche Weise, zuweilen aber auch ohne jegliche fremde Hilfe vollkommen frei auf (»Gröden«, S. 186).

Diese auch in unserem Jahrhundert noch schwierigen Arbeitsverhältnisse, in Verbindung mit der Verkleinerung der Höfe und den geringen Ernteerträgen, bei gleichzeitiger steter Abnahme der Milch- und Mastwirtschaft lassen parallel zur Landwirtschaft die Spielzeug-Heimindustrie aufblühen.

II Entwicklung der Spielzeug-Heimindustrie

Bildhauerei als Vorläufer der Spielzeugschnitzerei

Es haben sich aus der frühen Zeit der Holzschnitzerei in Gröden nur einige wenige Urkunden erhalten, die zeigen, daß hier am Anfang die Bildschnitzerei steht, neben die sich viel später erst die mehr oder weniger einfache Spielzeugschnitzerei stellt.

1643 — eine Jahreszahl, die öfters mit 1634 angegeben ist — wird der damals um die 60 Jahre alte Christian Trebinger »sculptor« — als Bildhauer — genannt. Auch seine Brüder sollen geschnitzt haben und gelten als Begründer der ornamentalen Schnitzerei in Gröden.

Neben Christian Trebinger steht Melchior Vinatzer, der im Jahre 1650 in Brixen sein Lehrmeisterzeugnis bekommt.

Die Bildhauerdynastien Trebinger und Vinatzer werden im weiteren Verlauf wichtig für die hervorragende Grödner Bildschnitzerei. Das Heimatmuseum in St. Ulrich zeigt, in welch hoher Qualität gearbeitet wurde.

1672 ergeht eine Verordnung des k. k. Forstamtes wegen Schädigung der Wälder gegen die »ehrsamen Schüsseldrahner«. Es ist dies der erste Hinweis auf eine Art holzverarbeitende Industrie. Diese Schüsseldrahner (Dreher) verfertigen schon im 16. Jahrhundert ihre riesigen Schüsseln, eine zeigt das Heimatmuseum in St. Ulrich, in denen jährlich *tausende von Zentnern Gredner Käs* hergestellt werden, direkt im Walde mit einer Art primitiver Drehvorrichtung (Wilhelm Moroder-Lusenberg, »Markt St. Ulrich . . .«, S. 47 f.).

Eine direkt mit der Bildschnitzerei in Verbindung stehende Urkunde bezieht sich dann auf die sogenannten »Pfuscher« und datiert aus dem Jahre 1679. Da teilweise angenommen wurde, es handle sich hier um die ersten Spielzeugschnitzer, soll auf dieses Dokument näher eingegangen werden.

Es beklagen sich gelernte Bildhauer über ungelernte Schnitzer, die anscheinend zu einer Art Konkurrenz geworden sind. Es scheint sich um Bildschnitzereien — vielleicht Kopien minderer Qualität — zu handeln.

Es beschweren sich also *einige alte unnd andree meistern der pilthawer khunst in Greden,* daß *einige junge und anhebende pilthauer, darunter erschinen Georg Vinatzer, Jacob Varlunger sonst maurer, Philiph Mulsiner sonnst pekh, Hanns Pranzeffer sonnst millner, Domenig Puntegler maurer und noch zwen andere,* unbefugter Weise ebenfalls das Schnitzerhandwerk ausüben. Da heißt es weiter: *So thuen sie die arbeith gleichsamb verstimplen, dasselbe wolfeil hinweckhgeben* und *da disen leiten hingegen gebirete, bei jedes hanntierung zu verbleiben oder die khunst recht zu erlernen und sich zu verhalten, wie sich gebirth, also sye clegere umb die abstellung biten* (nach Arthur Haberlandt, »Die Holzschnitzerei im Grödener Tale«, S. 11).

Diese jungen Handwerker haben also in der Schnitzerei einen Nebenerwerb gefunden und gehen auch selbst mit ihrer Ware hausieren. Sie betreiben das Gewerbe *absonderlich zu winterszeiten, da sye sonnst khein aufenthalt haben... noch thuen beklagte ir arbaith diser eunden verkhaufen, sondern weit hinweckhtragen* (nach Arthur Haberlandt, »Die Holzschnitzerei im Grödener Tale«, S. 11).

Da die Grödner *Maistern der pilthawerkhunst* aber keine *Bruederschafft* haben, bleibt der Erfolg ihrer Eingabe zweifelhaft.

Nebenerwerbsquellen als Vorläufer der Spielzeugindustrie

Klima und Bodenverhältnisse bringen den Bergbauern Erträge, die gerade zum Unterhalt der Familie reichen. Alle darüber hinausgehenden Anschaffungen (in Gröden betrifft das auch einen Teil des Brotgetreides) können durch den Verkauf heimindustrieller Erzeugnisse, gleich welcher Art, bzw. im Tauschhandel gemacht werden.

Als Nebenerwerb, der in Gröden Vorläufer der Spielzeugherstellung ist, kann man die Anfertigung von Loden und das »Schüsseldrahnen« bezeichnen. Beides ist bereits im 16. Jahrhundert im Tal heimisch.

Bei dem darauf folgenden Spitzenklöppeln als Nebenverdienst handelt es sich um eine echte Heimindustrie größeren Umfangs. Es wurde bereits im 17. Jahrhundert von Grödens Mädchen und Frauen betrieben. 1814 wird in einer Chronik noch vom Anteil des Verdienstes durch Klöppeln von Spitzen jeden Ausmaßes berichtet. In den dreißiger Jahren scheinen sich die Frauen dann mehr und mehr dem lohnenderen Spielzeugschnitzen oder -anmalen zuzuwenden. Im Jahre 1880 findet man nur noch in entlegenen Berggehöften das Klöppeln für den Hausgebrauch.

Von dieser frühen Heimindustrie der Spitzenklöpplerinnen übernehmen die Spielzeugschnitzer in späterer Zeit die Sitte, zum Nachbarn oder zu einer befreundeten Familie zur Arbeit zu gehen. »Ji cul puntl«, d. h.: Mit dem Klöppelstock (jetzt eben mit dem Schnitzwerkzeug) zu Freunden heimgarten gehen. Meistens traf man sich auf diese Art — das vorgefertigte Schnitzholz wurde im Tragkorb mitgebracht — an einem bestimmten Wochentage zu einigen vergnügten Arbeitsstunden; das war eine willkommene Abwechslung im harten Lebenskampf.

Beim Spitzenklöppeln waren lediglich Frauen und Mädchen beschäftigt. Teilweise waren sie es auch, die den Hausierhandel mit dieser Ware übernahmen. Die Schnitzerei eröffnete Möglichkeiten für die männliche Bevölkerung, für den Bauern und seine Helfer, die in den Anfängen vornehmlich im Winter für einen Nebenerwerb Zeit erübrigen konnten.

Die Spielzeug-Heimindustrie

Die schon seit Generationen im ganzen Tal gepflegte Bildschnitzertradition und die reichen Bestände an schnitzbarem Holz, sozusagen direkt vor der eigenen Haustür, waren die Voraussetzungen dafür, daß ein Anstoß von außen genügte, um das »Schnitzcln« hier anzusiedeln.

Wie die Anfänge in der Spielzeugschnitzerei aussahen, kann man sich nur vorstellen; und ähnlich dürfte die Entwicklung auch in anderen Heimindustrien für Holzspielzeug bei bäuerlicher Bevölkerung verlaufen sein.

Es läßt sich denken, daß Grödens Hausiererinnen und Hausierer auf ihren Wanderungen in Berührung kamen mit der im 18. Jahrhundert schon lange weltweit bekannten »Berchtesgadner War'«, worunter zu damaliger Zeit, zusammen mit dem Begriff »Nürnberger Tand« u. a. ganz allgemein Spielzeug aus deutschsprachigen Gegenden verstanden wurde.

Bekannt ist die 1638 aufgeschriebene Geschichte eines Tirolers, der kleine »zue Berchtolsgaden geschnitzte Mänli« als Glücksbringer verkaufte. So wird auch den Grödnern das Spielzeug aus Berchtesgaden bekannt gewesen sein; und auch Grödens Chronist Josef Steiner erwähnt 1807, daß hier nach Art der Berchtesgadner geschnitzt würde. Einer der Hausierer mag solches Spielzeug von seiner Wanderschaft heimgebracht haben. Er selbst oder ein Nachbar versucht es nachzuschnitzen. Und wie nun in Gröden bekannt wird, daß sich mit solcher Ware Geld verdienen läßt, beginnen mehr und mehr Bauern, sich mit der Herstellung einfachen Spielzeugs vertraut zu machen.

Nebenher läuft zu allen Zeiten, zwischen Bildhauerarbeit und Spielzeugschnitzerei, die Herstellung von Genrefigürchen, wobei im 18. Jahrhundert sowohl von der Thematik als auch von der Behandlung des Materials her die beliebte Porzellan-Kleinplastik nachzuahmen versucht wird. Selbst in der Fassung (Bemalung) wird der Schimmer des Porzellans imitiert; eine Kunst, die Grödner Maler auch noch in späterer Zeit meisterhaft beherrschen; auf die dabei angewandte Technik wird an anderer Stelle eingegangen.

Die Anfänge der Spielzeugherstellung in Gröden lassen sich nicht direkt belegen. Sie sind zu sehen in Zusammenhang mit den im 18. Jahrhundert in Berchtesgaden, Oberammergau, dem thüringischen Gebiet um Sonneberg und den im Erzgebirge zu dieser Zeit blühenden Heimindustrien. Es handelt sich hier um eine Entwicklung und nicht um ein festzustellendes Anfangsdatum.

Die frühesten Hinweise auf die Grödner Heimindustrie für Spielzeug werden um die Wende vom 18. zum 19. Jahrhundert gegeben. Der erste ausführliche Bericht über die damaligen Verhältnisse im Tal kommt vom »Pfleger zu Castellrutt«, Josef Steiner, im Jahre 1807. Auf seine Datierungen stützt sich die Mehrzahl der im 19. Jahrhundert folgenden Beschreibungen der Grödner Heimindustrie, obgleich Steiners Angaben nicht alle als verläßlich anzusehen sind. Auch heute noch wird vielfach auf seine Aussagen zurückgegriffen.

Er schreibt: *Der Urheber der Bildschnitzerey in Gröden, und so der größte Wohltäter seines vaterländischen Thales war Johann de Metz zu Schuaut bey St. Ulrich. Im J. 1703 fieng er der Erste an, Bilderrahmen zu schnitzen; da er dabey seine Rechnung fand, richtete er seine Söhne und andere junge Leute dazu ab ... Wie nun nach einiger Zeit diese außer Mode kamen, und immer weniger Absatz fanden, fiengen die Arbeiter an, Figuren zu Weihnachtskrippen, Crucifixe, Bilder der Heiligen und allerley Spielzeug für Kinder, als Hunde, besonders Budel, Pferde, Löwen usw. nach Art der Berchtesgadner, doch immer um vieles besser als diese, zu schnitzen ... Der gute Absatz dieser Waaren belebte den Fleiß der Arbeiter, und ungefähr seit dem Jahre 1750 verbreitete sich die Bildschnitzerey in allen Gemeinden von Gröden* (S. 14).

Erst Joseph Anton Vian, der als langjähriger Kurat in St. Ulrich in die Kirchenbücher Grödner Gemeinden Einsicht nehmen konnte, und der als verläßlicher Chronist anzusehen ist, stellt 1864 fest, daß der von Steiner als Begründer der Spielzeugherstellung genannte Johann de Metz im Jahre 1703 nicht anfing, Bilderrahmen zu schnitzen, sondern in diesem Jahr geboren wurde. Die Unterlagen, denen Vian dieses Datum entnommen hat, haben sich bisher in Gröden nicht wiederfinden lassen, zumal leider die Widum-Bibliothek (Pfarrbibliothek) in St. Ulrich im Jahre 1965 vernichtet worden ist (mdl. A. Adolf Senoner-Vastlé).

Bei Betrachtung frühen Grödner Spielzeugs legt Arthur Haberlandt — bei Fehlen urkundlicher Belege — die Anfänge der Grödner Spielzeugindustrie auf etwa die Mitte des 18. Jahrhunderts. Diese Annahme scheint sich bei Abwägen der vorhandenen Unterlagen zu bestätigen.

In dem handschriftlichen »Tagebuch v. J. 1754. Amtsnotizen eines Rates bei der Hofkammer zu Innsbruck« führen denn auch Grödens Hausiererinnen *nebst Holz geschnizelten Raamen* ihre *spizlen* (Spitzen) mit sich. Von Holzspielzeug ist noch nicht die Rede. Es scheint um diese Zeit noch ohne größere Bedeutung für Grödens Wirtschaft zu sein.

Durch das Fehlen von Handwerksordnungen oder einer engen Verbindung Grödens zu einem Kloster gibt es hier die exakten schriftlichen Belege nicht, wie sie sich in konkurrierenden Heimindustrien erhalten haben.

Im 19. Jahrhundert tauchen mehr und mehr Reiseberichte mit Hinweisen auf die Grödner Spielwaren-Heimindustrie auf. Sie können aber nur im Hinblick auf die sich darin abzeichnenden Tendenzen ausgewertet werden. Selbst offizielle Statistiken erweisen sich bis in unser Jahrhundert hinein, gegeneinander abgewogen, als widersprüchlich. Alle Daten über die Spielzeug-Heimindustrie beruhen bis etwa

1870 überhaupt nur auf Schätzungen und sind in der darauffolgenden Zeit vielfach auch als ungenau anzusehen. So werden z. B. Bildhauerarbeiten und Spielzeug nicht voneinander getrennt behandelt. Ebenso sind Daten über Bildhauer und »Schnitzleri«, wie die Spielzeugschnitzer im Tal heißen, zusammengefaßt worden.

Der öfters zitierte Josef Rohrer schreibt 1796 von den Bewohnern *des rauhen mit gräßlichen Kalkgebirgen umschlossenen Thales Gröden* (»Uiber die Tiroler«, S. 51), daß sie etwa um 1716 angefangen hätten, Uhrgestelle etc. zu schnitzen und ihren Handel damit bis nach Portugal auszudehnen. Es ist aber ungewiß, ob Rohrer jemals Gröden selbst besucht hat, oder aber seine Angaben nur vom Hörensagen macht. Er berichtet nämlich u. a. auch von feinen Drechslerarbeiten zu einer Zeit, als es hier noch keine Drechselbänke gab.

In der Mitte des 18. Jahrhunderts wird die Zahl der Schnitzer — Bildhauer und frühe Spielzeugschnitzer dürften hier zusammengefaßt worden sein — mit 40 bis 50 angegeben. In den folgenden Jahren kann ein sprunghafter Anstieg dieser Zahl angenommen werden, was mit Bestimmtheit auf die Ausbreitung der Spielzeugschnitzerei schließen läßt. Im Jahre 1788 ist nämlich sogar den Behörden in Wien ein Raubbau an den in Grödens Raschötzer Wald wachsenden Zirbelkiefern bekannt geworden.

Es trifft über Innsbruck folgendes Dekret in Gröden ein: *Von den 300 Bildhauern in Gröden ist zwecks Schonung des Raschötzerwaldes die Zahl auf 150 zu reduzieren* (nach Franz Moroder, S. 66).

Der Gemeindeausschuß reagiert umgehend mit einer Gegenschrift und verlangt das Recht, den Schnitzern alljährlich eine genügende Anzahl von Zirbelstämmen billigst verkaufen zu dürfen, wodurch einer Walddevastation entgegengewirkt werden könnte.

Die Regierung in Wien nimmt daraufhin tatsächlich ihre erste Entscheidung zurück und entspricht den berechtigten Wünschen der Grödner.

Die Angaben über Einwohnerzahlen Grödens schwanken ebenso wie diejenigen über Schnitzer und Maler. Es folgen einige Zahlen, wie sie in Abhandlungen über Grödens Heimindustrie gefunden werden können. Die dabei angeführte Jahreszahl gibt das Erscheinungsjahr des herangezogenen Berichtes wieder.

1818 3500 Einwohner, davon über 300 Schnitzer;
1823 »Jetzt wird bereits in jedem Hause, deren es im Grödnerthale bey 440 gibt, die Holzarbeit betrieben«;
1833 4000 Einwohner;
1838 4600 Einwohner;

1846 schnitzen 2500 Einwohner (das wären 70—75% der Bevölkerung!)
1858 5000 Einwohner;
1864 »Gegenwärtig beschäftigt sich wenigstens die Hälfte der Einwohner mit Schnitzen und Anstreichen«;
1868 3500 Einwohner. ¾ der Bevölkerung schnitzt;
1871 4500 Einwohner, davon 2000—2500 Schnitzer;
1873 3493 Einwohner »bei der letzten Volkszählung« davon 2000 Schnitzer — Maler nicht inbegriffen;
1877 sind im ganzen Tal wenig mehr als 40 Familien nicht in der Holzschnitzindustrie beschäftigt;
1880 2897 Einwohner, davon ca. 90% in der Heimindustrie beschäftigt;
1880 3000 Schnitzer ungefähr, einschließlich Kinder zwischen 8 und 14 Jahren = 90% der Bevölkerung;
1886 3000 Einwohner;
1888 3845 Einwohner (nach Baedecker);
1890 75% der Bevölkerung arbeiten in der Heimindustrie;
1891 ca. 2000 Menschen in der Heimindustrie beschäftigt;
1895 3500 Einwohner, ca. ¾ Schnitzer, ¼ Maler;
1901 1200 Erwachsene in der Heimindustrie — ¾ Schnitzer, ¼ Maler;
1910 4698 Bewohner bei der Volkszählung.

Es wird nicht angegeben, ob jeweils die Bewohner des ganzen Tales — ein Teil gehörte z. B. zeitweise gemeindemäßig und gehört heute noch zu Kastelruth — gemeint sind. Es mögen z. T. auch, im Zusammenhang mit der Heimindustrie gesehen, Schnitzer der für Gröden arbeitenden Nachbartäler mitgezählt worden sein. Auch die Kinderarbeit spielt insofern eine gewisse Rolle, als nur selten angegeben ist, ob schnitzende und malende Kinder in den Angaben berücksichtigt wurden oder nicht.

Diese Ungenauigkeiten könnten einen Teil der Schwankungen bei den Daten erklären.

Es spiegelt sich hier nicht der Aufschwung wider, den die Heimindustrie ungefähr ab 1820 durch Einführung von Drechselbänken und durch das selbständige Anmalen der Spielwaren im Tal nimmt. Die im Laufe der Zeit ansteigende Zahl der Bildschnitzer dagegen ist bei nur wenigen angeführten Jahreszahlen deutlich zu erkennen:

1823 10 Bildhauer höchstens;
1840 30—40 Statuen- und Christusschnitzer;
1868 »Die Bestellung von Heiligenfiguren kommt relativ nur selten vor«;
1890 260 Statuen- und Christusschnitzer etwa.

Scherenschleifer
Länge 20 cm. Bewegliches Spielzeug. Hergestellt in der 2. Hälfte des 19. Jahrhunderts.
Heimatmuseum St. Ulrich Foto: R. Moroder

Mann auf Räderbrett vor Schubkarren
Höhe: 18 cm. Hergestellt Ende des 19. Jahrhunderts. Heimatmuseum St. Ulrich.
Foto: R. Moroder

Laufender Mann vor Wagen mit Frau
l = 20 cm. Beim Fahren läuft der Mann und nickt mit dem Kopf. Hergestellt im 19. Jh.
Heimatmuseum St. Ulrich Foto: R. Moroder

Rädermännchen vor Wagen mit pickenden Hühnern
l = 19 cm. Beim Fahren picken die Hühner abwechselnd. Hergestellt noch in den 20er Jahren unseres Jahrhunderts. Heimatmuseum St. Ulrich Foto: R. Moroder

Reiter mit Pferd auf vier Rädern
h = 15 cm
Beim Fahren wippt das Pferd vor und zurück.
Hergestellt im 19. Jahrhundert
Heimatmuseum St. Ulrich
Foto: R. Moroder

Vater mit Sohn
h = 21 cm
Durch Schnurzug hebt der Vater den Sohn hoch. Arme und Beine des Sohnes beweglich.
Rote Backen, schwarze Augenpunkte.
Hergestellt in der 2. Hälfte des 19. Jahrhunderts.

Sammlung Stäblein
Foto: S. Stäblein

Pferd mit Reiter auf Säule drehend
h = 20 cm
Schnurzug im Faß.
Beim Ziehen drehen sich Reiter,
Pferd und Sockel.
Hergestellt noch bis ca. 1925
Sammlung Stäblein
Foto: S. Stäblein

Tänzerin
h = 24 cm
Beim Ziehen der Schnur dreht sich die Figur. Arme und Beine fliegen seitwärts.
Hergestellt noch bis in die 20er Jahre unseres Jahrhunderts.
Heimatmuseum St. Ulrich
Foto: R. Moroder

Tänzerin und Tänzer auf Rädern mit Deichsel und Schellen
h = 24 cm
Beim Fahren drehen sich die Figuren.
Arme und Beine fliegen seitwärts.
Hergestellt bis 1914
Heimatmuseum St. Ulrich
Foto: R. Moroder

"Harlequin auf Pferd mit vier Rädern"
h = 22 cm
Beim Fahren bewegen sich
Arme und Beine.
Hergestellt im 19. Jahrhundert.
Heimatmuseum St. Ulrich
Foto: R. Moroder

„Harlequin auf Säule mit 4 Rädern"
h = 21 cm
Beim Fahren bewegen sich
Arme und Beine.
Hergestellt im 19. Jahrhundert.
Heimatmuseum St. Ulrich
Foto: R. Moroder

„Kapuziner à 2 Figuren mit Glocke"
h = 22 cm
Beim Drehen der Kurbel bewegt der stehende Mönch die Arme, und die Glocke läutet.
Der kniende Mönch nickt mit dem Kopf.
Hergestellt bis 1914
Sammlung Stäblein
Foto: S. Stäblein

„Trommelschläger"
h = 19,5 cm
Trommel an schwarzem Kunstlederriemen. Beim Drehen der Kurbel Aufschlagen der Schlägel und klapperndes Geräusch.
Hergestellt 2. Hälfte des 19. Jahrhunderts.
Sammlung Stäblein
Foto: S. Stäblein

Rädermännchen vor Wagen mit trommelndem Affen
l = 19 cm. Beim Fahren trommelt der Affe. Hergestellt im 19. Jahrhundert. Heimatmuseum St. Ulrich Foto: R. Moroder

Trommelnder Affe auf Pferd
h = 24 cm
Affe trommelt beim Fahren.
Hergestellt Ende 19. Jh.
Heimatmuseum St. Ulrich
Foto: R. Moroder

„Turner"
Höhe der Figur 26 cm
Gelenke in Schultern, Hüften und Knien. Hergestellt in der 2. Hälfte des 19. Jh.s
Heimatmuseum St. Ulrich
Foto: R. Moroder

III Herstellung des Spielzeugs

Der Schnitzer und seine Arbeit

Der Grödner Spielzeugschnitzer arbeitet weitgehend auf sich selbst gestellt. Er ist keinerlei Ordnung unterworfen, und keine Zusammenschlüsse helfen, das Gewerbe in eine bestimmte Ordnung zu bringen. Die Nachteile dieses Zustandes liegen auf der Hand.

Es werden in Gröden weder Dienstboten noch hausindustrielle Lohnarbeiter in der Heimindustrie beschäftigt; es wird hier nur mit Familienangehörigen zusammengearbeitet. Ein und dasselbe Spielzeug, einige wenige Arten und Größen von Tieren werden oft durch Generationen in der gleichen Familie hergestellt. Dadurch wird zwar eine enorme Geschwindigkeit bei der Herstellung erzielt, gleichzeitig tritt aber auch eine Vergröberung der Artikel ein. Es ist bei der sog. »ordinären Ware« — also bei dem nur äußerst grobgeschnitzten Spielzeug — bewundernswert, mit welch geringen Mitteln das Charakteristische eines bestimmten Tieres herausgearbeitet ist.

Im Jahre 1807 berichtet Steiner: *Nun sieht jede Bauernstube einer belebten Fabrike gleich; in einem Eck sitzen die Weiber und Mädchen, die nach einem papiernen Modele über Kissen Spitzen knüpfen; den übrigen Raum nehmen die Bildhauer ein* (hier werden Bildhauer und Spielzeugschnitzer nicht getrennt voneinander gesehen); *jeder hat bey dreyßig zerschiedene Schneideisen* (das bezieht sich z. B. auf Bildhauer. Spielzeugschnitzer hatten zur damaligen Zeit weniger Werkzeug) *vor sich liegen, nimmt davon, ohne viel zu wählen, bald das eine, bald das andere zur Hand, und schnitzt so aus einem Stück Holz Figuren mit einer Geschwindigkeit, die jeden Zuschauer überrascht... Gewöhnlich macht ein Arbeiter nur eine Art Figuren... Das Bildschnitzen gewährt übrigens auch dem noch minderjährigen Sohne eine Art von Selbständigkeit. Sobald er diese, man nennt es Kunst oder Hantierung, erlernt hat, muß er auch selbst für seinen ganzen Unterhalt sorgen. Er zahlt seinem Vater das Kostgeld, so wie dieser, wenn er für ihn arbeitet, ihm auch seine Arbeit bezahlt...*

(Nicht alle Väter zahlten für die Arbeit ihrer Söhne. Dies war von Familie zu Familie verschieden und dürfte auch im Verlaufe der Entwicklung der Heimindustrie verschieden gehandhabt worden sein. In einigen Familien durften die Kinder erst mit 24 Jahren ihr selbstverdientes Geld behalten; mdl. A. Christian Moroder.)

Steiner fährt fort: *Da der Grödner zur Schnitzerey vorzüglich nur jene Zeit, in der ihm seine Feld- und Hauswirthschaft nicht Beschäftigung giebt, besonders die langen Winterabende verwendet, und da er... nur einige Holzstämme, die sonst vielleicht im Walde vermodern würden, hingiebt: so läßt sich kaum ein vortheilhafterer Erwerbungs- und Handlungszweig denken* (S. 15 ff.).

Spielzeugschnitzer in Haus Derives
Im Vordergrund eine fußgetriebene Drechselbank. Aus einer alten Postkartenserie. Sammlung Stäblein Foto: Holzknecht, St. Ulrich

Spielzeugschnitzer bei der Arbeit
Aus einer alten Postkartenserie. Sammlung Stäblein   Foto: Holzknecht, St. Ulrich

Gearbeitet wird im eigenen Hause oder im Hause des Vaters. Die zirbelgetäfelte Stube mit den tiefen Fensternischen, oft mit geschnitzten Türen und mit kassettierter Decke, mit dem typischen, gewölbten Ofen und der Ofenbank in einer Ecke ist zugleich Arbeitsraum. Hier wird an einem der beiden Tische gegessen. Der andere, in Gröden »Penisch« genannt, ist mit seinen an den Schmalseiten angebrachten Beinen und durch den sie verbindenden Querbalken ein idealer Arbeitstisch. Oft ist seine stabile Platte an einem Ende in der Wand verankert. Um ihn sitzt die Familie zur Arbeit versammelt. An jedem Schnitzplatz ist ein Holzklotz (»Tapl«) an der Tischplatte befestigt, an den mit der linken Hand das vorgefertigte, noch feuchte und nicht ausgetrocknete Holzstück gehalten wird, und gegen den mit der rechten Hand das Schnitzeisen geführt wird; oder es wird gegen den Brustfleck aus derbem Leder geschnitzt, je nach den Schnitten, die gerade gemacht werden sollen. Sonntags wird der Arbeitstisch mit einem sauberen Tuch abgedeckt (mdl. A. Vinzenz Insam-Neuhaus).

In der Stube werden auch die übrigen anfallenden Arbeiten ausgeführt. Hier wird gesägt, gebohrt, geschliffen, geleimt, gemalt und montiert.

Kinderarbeit

Kinderreichtum gilt im Tal als Vorteil. Der Schnitzer, dessen Kinder noch klein sind, ist im Nachteil gegenüber demjenigen mit älteren Kindern. Auch in Gröden werden kleine Kinder in den Produktionsprozeß eingegliedert.

Schon 1769 wird erwähnt, daß *selbst Weiber und Kinder . . . die flinksten Bildhauer* seien (J. Rohrer, S. 59).

In den meisten Berichten wird angegeben, daß Kinder schon ab dem 6. Lebensjahr — also mit fünf Jahren — schnitzen. Stellenweise wird auch von Vier- bis Sechsjährigen gesprochen.

Außer einfacherer Schnitzarbeit verrichten Kinder die anfallenden Nebenarbeiten. Dazu gehört das Durchbohren der Gelenke für Puppen an der Drechselbank mit einer speziell für diese Arbeit angebrachten »Nadel« als Bohrer. Vor allem wird das Überschleifen der fertig geschnitzten Spielsachen von ihnen erledigt. Auch Montierarbeiten, wie z. B. das Befestigen der Räder an Räderbrettchen, das Einsetzen und Anleimen der Ohren bei Tieren oder das Aufleimen auf Brettchen wird von ihnen übernommen. Es werden auch einfachere Maschinen von Kindern betätigt, und ebenso werden die Handlangerdienste Kindern überlassen. Mit den Jahren lernen die Eltern ihre Kinder zu schwierigerer Arbeit an, bis hin zum Schnitzen derjenigen Stücke, die in der Familie angefertigt werden.

Zu denjenigen, die heute noch in Gröden frei mit der Hand kleine Figuren schnitzen, gehört Frau Linder in Wolkenstein. Sie hat ihren Arbeitstisch im Geschäft für Holzschnitzereien stehen, so daß man zusehen kann, wie z. B. eine Krippenfigur unter ihrem Schnitzmesser entsteht. Frau Linder erzählt, daß sie nie eine der Fachschulen für Holzschnitzerei besucht habe und das Schnitzen zu Hause gelernt hätte. Ihre Mutter schnitzte Schafe, und als Kind wurde ihr als eine der ersten Schnitzarbeiten das Einschnitzen des Felles anvertraut.

Was in Gröden unter Kinderarbeit zu verstehen ist, schildert, wenn auch in übertriebener Weise, ein Bericht über die Heimarbeit in Österreich aus dem Jahre 1901: *Seine Kinder zieht der Heimarbeiter schon vom sechsten Lebensjahre an zur Arbeit heran, und solange er selbst thätig ist, dürfen auch seine sämmtlichen Helfer die Arbeit nicht verlassen. Nicht selten schlafen abends Kinder, ihr Werkzeug noch in der Hand, am Schnitztische ein und werden erst dann in's Bett gelegt, wenn jeder Versuch, sie wach zu erhalten, vergeblich war. So wird vom frühen Morgen bis tief in die Nacht hinein unausgesetzt bei karger Kost und nur selten einer gesunden Wohnung . . . gearbeitet. Kein Wunder, wenn Frauen und Kinder kränkeln, abgehärmt und blaß aussehen* (Edgar Astolfi, S. 200).

Werkzeug und Maschinen

(vorwiegend nach mdl. A. Adolf Senoner-Vastlé)

Die ersten Angaben über die Einführung von Drechselbänken bei der Spielzeugherstellung sind aus dem Jahre 1846: *Man hat . . . vor ungefähr 25 Jahren die Drehbank . . . mit großem Vortheile eingeführt* (J. J. Staffler, S. 1014). Dabei ist es merkwürdig, wie spät die Grödner auf die Idee kommen, Drechselbänke zu benützen, mit denen in anderen Spielzeugzentren schon so lange und mit Erfolg gearbeitet wird. Die verschiedenen Sonneberger und Berchtesgadner Holzdocken, die Oberammergauer »Fatschenkinder« und ganz zu schweigen von dem gedrechselten erzgebirgischen Spielzeug — all das hätte sich, aus freier Hand geschnitzt, gar nicht herstellen lassen. Schon vom Arbeitsaufwand her wäre diese Ware nicht konkurrenzfähig gewesen, abgesehen davon, daß ihre runde Grundform ihren Reiz vom Drechseln her bekommt. Noch unverständlicher wird die späte Einführung von Drechselbänken in Gröden, wenn man bedenkt, daß im Erzgebirge etwa ab Mitte des 18. Jahrhunderts bereits an wassergetriebenen Drehwerken — jedes mit mehreren Arbeitsplätzen — gedrechselt wird, und die dortige Heimindustrie einen enormen Aufschwung durch das Einsetzen der Massenproduktion gedrechselter Ware nimmt. Und eigentlich war eine Art Drechseln durch das »Schüsseldrahnen« ja schon im 16. Jahrhundert im Tal heimisch.

Drechsler hatten in Österreich eigene Zünfte mit strenger Handwerksordnung. Die Herstellung von Spielzeug ist für Drechsler und Schnitzer aus dieser Ordnung ausgenommen und gilt als sog. freie Beschäftigung.

Das Auftreten der Drechselbank scheint in Gröden schlagartig eine Umstellung in der Heimindustrie hervorzurufen. Im Jahre 1846 — also nach nur 25 Jahren — soll es davon bereits 600 im Tal geben; eine Zahl, die zu hoch gegriffen erscheint, vergleicht man sie mit der Angabe von 2500 schnitzenden Bewohnern in Gröden um diese Zeit. 1877 wird lediglich von 300 fußgetriebenen und 60 wassergetriebenen Drechselbänken gesprochen.

Die ersten primitiven Drechselbänke mit Fußantrieb wurden von den Schnitzern selbst gebaut. Später werden diese Maschinen mit Wasserkraft betrieben. Es werden z. T. an Wasserläufen an den Hängen »Drechslerhäuschen« aufgestellt; meistens stehen diese zu beiden Seiten des Grödner Baches. Ein solches Drechslerhäuschen gehört oft zwei bis drei Schnitzerfamilien gemeinsam. Hier wird sommers wie winters — der Grödner Bach friert nur für wenige Wintertage zu — nach einem Zeitplan, der in Vormittags- und Nachmittagsarbeitszeit geteilt ist, gearbeitet.

Die Drechselbänke in Gröden sind durchwegs nur für kleinere Arbeiten gebaut, weswegen Puppenkörper nicht in mehreren Stücken hintereinander von einem Holz gedrechselt werden können. Anders die Pendel für das Pendelspielzeug. Sie wurden wie eine Art Perlenkette hintereinander an einem Stück gedrechselt und danach voneinander getrennt. Ebenso geschieht dies mit den vielen Rädern verschiedenen Durchmessers, die auf der Drechselbank von abgerundeten Stäbel abgetrennt werden, verziert oder einfach. 1877 wird von 400 Dutzend Rädern, wohl einfacher Art, gesprochen, die ein Arbeiter im Verlaufe eines Tages herstellen konnte.

Es trifft für Gröden nicht zu, was einem Zeitungsartikel aus dem Jahre 1886 zu entnehmen ist, daß es nämlich Drechselbänke zu mieten gäbe und daß pro Tag 10 Kreuzer bzw. pro Saison 10—15 Gulden an den Vermieter zu zahlen wären. Dazu waren die Maschinen verhältnismäßig zu leicht, selbst herzustellen. Lediglich solche Familien, bei denen sich die Anschaffung einer eigenen Drechselbank nicht lohnte, benutzten gegen ein Tagesentgelt die Maschinen anderer Heimarbeiter. Eine Familie z. B., die Leiterwagen machte, brauchte die Drechselbank nur zum Drehen der Räder und zum Bohren der Löcher für die Wagenlatten; dazu genügte ihr für die Produktion einer Woche die Benützung einer Drechselbank für einen halben Tag.

Grödens Schnitzer, die zu arm waren, um sich eine vermeidbare Anschaffung leisten zu können, fertigten allerhand nützliche Maschinen und Hilfsgeräte für die Spielzeugherstellung selbst an. Da gibt es fußgetriebene Bohrmaschinen, da lösen Schleifmaschinen — ebenfalls mit Fußantrieb — die einfachen, mit Bachsand bzw. Bachsand und zerstoßenem Glas beklebten Lederstreifen ab (mdl. A. Robert Moroder); kleine Mühlen, von Hand betrieben, erleichtern das Mahlen der Kreide für die Grundierung bemalten Spielzeuges. Da gibt es einfache Durchschlagmaschinen — auf ladinisch »Bank da druke ju« (Bank zum Hinunterdrücken) — die durch Hebeldruck mit einer Art Locheisen aus Vierkantstäben Rundhölzer jeden gewünschten Durchmessers herstellen. Sie werden vielfach von Kindern bedient und sind eine wichtige Hilfe beim Produzieren der Millionen Arme und Beine für Puppen und der Berge von Achsen für Räderbrettchen oder der vielen Speichen für Wagenräder. Längere Rundhölzer müssen mit dem Hammer durch ein »Rundeisenmesser« — ladinisch »Bola« — »durchgeschlagen« werden. Das dabei gebrauchte Gerät hieß »Bola da druke ju«.

Die Handsäge wird verhältnismäßig spät durch selbstgebaute Decopiersägen ergänzt. Axt und sog. »Praksa« spalten das Holz; und schließlich benutzt man sehr spät — fast kann gesagt werden, nicht mehr in der Altgrödner Spielzeugindustrie — Fräsmaschinen zum Herstellen von Profilleisten, ähnlich dem Prinzip der gedrechselten Profilreifen des Erzgebirges, von denen Rohformen für verschiedene Tiere abgespalten werden können. Profilleisten für kleinere Tiere wurden mit der Säge — für sehr kleine Tiere mit dem Schnitzeisen — hergestellt, bevor ca. ab 1930 Fräsmaschinen eingesetzt wurden. Die oft in Vollräder eingeprägten Muster wurden noch während des Drechselns mit einer Art Prägerädchen eingedrückt. Dieser Arbeitsgang hieß »radlé« — auf deutsch »rändeln«.

1902—1906 wird das Tal elektrifiziert, und die bis dahin wasser-, fuß- oder handgetriebenen Maschinen werden — soweit es dem Schnitzer möglich ist — auf Elektrizität umgestellt. Diese Umstellung wird wegen der damit verbundenen hohen Kosten nur sehr langsam vorgenommen.

Zu Anfang des 19. Jahrhunderts fertigen noch Schmiede und Schlosser des Tales die wenigen Messer, Meißel und Schnitzeisen für Bildhauer und Spielzeugschnitzer an. Schon vom Material her muß dieses Werkzeug schlechtester Qualität gewesen sein. Später benutzten die Schnitzer ein wenig bessere Eisen, und in der zweiten Hälfte des Jahrhunderts leisten sich Bildhauer sogar feine, englische Bildhauereisen der Firma Addis z. B., bis zum Ersten Weltkrieg. Danach werden qualitativ noch bessere Eisen wieder im Tal selbst geschmiedet (mdl. A. Robert Moroder).

Schnitzer und Bildhauer kommen mit nur wenigen verschiedenen Eisen aus, obgleich etwas mehr Aufwand beim Werkzeug beiden eine große Arbeitserleichterung gebracht hätte.

Schnitzmaterial

Den Spielzeugschnitzern machte besonders die Holzbeschaffung Schwierigkeiten, und so findet sich die Sorge um das Abnehmen der Zirbelholzbestände, der Grundlage für die Spielzeugindustrie, in der gesamten Gröden-Literatur des 19. Jahrhunderts bis hin zu den neunziger Jahren. Diese Sorge liegt wie ein Schatten über der schnellen Entwicklung der Spielwaren-Heimindustrie. Aus diesem Grunde soll hier näher auf das Thema eingegangen werden, obgleich letztlich nicht der Mangel an Schnitzholz für den Niedergang dieses Erwerbszweiges und für die Hinwendung zu Bildschnitzerei und Fremdenverkehr ausschlaggebend war.

Um das Jahr 1600 schreibt Marx Sittich von Wolkenstein über die Grafschaft Tirol, was auch speziell für Gröden Gültigkeit haben könnte: *Gleich wie Gott ein Erschaffer alles, wie allenthalben vorgebracht wird, diese fürstliche Grafschaft mit vielen Dingen reichlich ausgestattet und gar wohl versehen (hat er) derselben aus Güete schöne Waldungen mit mancherlei Holz, Alben und Wiesen mitgeteilet . . . darin je höher das Gebirg ist, je schönere Waldungen sich erzeigen und sehen lassen* (S. 29 u. 48).

Die Zirbelholzbestände Grödens — Wolkenstein erwähnt sie als »flecken von Zirbelholt« — waren tatsächlich schutzbedürftig. Die Wichtigkeit dieses Baumes wird in Tirol dadurch unterstrichen, daß hier z. T. der Zirbelkiefer ein eigener Schutzpatron zugeordnet sein soll, nämlich der heilige Romedius.

Wie bereits erwähnt, stammt aus dem Jahre 1788 ein erster Erlaß zur Schonung der Zirbelbestände in Grödens Raschötzer Wald. Und schon 1820 muß tatsächlich das wertvolle Schnitzholz teilweise aus Nachbartälern herbeigeschafft werden, sofern es dort nicht lieber an Spekulanten verkauft wird.

Josef Steiner schreibt 1807 in aller Ausführlichkeit über das *Holz des Zirbelbaumes (Pinus cembra), welches wegen seiner Weichheit und Zartheit unter allen einheimischen Holzarten zum Bildschnitzen am meisten geeignet ist. Leider fängt dieser Baum in den Gebirgen von Gröden an zu mangeln, theils weil von den Schnitzern jährlich sehr viel von dessen Holze verarbeitet, theils weil derselbe manchmal von den Bauern zu Brennholz geschlagen wird. Deßwegen ist zu fürchten, daß der für Gröden so wichtige Erwerbungszweig der Schnitzerey aus Holzmangel in Zukunft sich vermindern, und vielleicht gar eingehen müsse, wenn nicht für die Cultur und Schonung des Zirbelbaumes bey Zeiten vorgesehen wird* (Josef Steiner, S. 16). Und an anderer Stelle: *Auch in andern Gegenden von Tirol wächst der Zirbelbaum, allein hier verfaulet er unnütz, oder wird nur auf dem Herde verbrannt* (S. 17).

Die nur in hohen Lagen langsam wachsende Zirbelkiefer — auch Zirbe oder Zirbenkiefer genannt — braucht 180 Jahre bis zur Schlagreife. Sie wird zwar durch die Schnitzer genutzt, an eine Pflege der Bestände oder an Aufforstung wurde aber nicht gedacht. Auch hier wirkte sich der Mangel an Zusammenschlüssen der durch die Heimindustrie beschäftigten Schnitzer, Maler und Händler sowie das Fehlen von Interessengemeinschaften oder Genossenschaften verhängnisvoll aus. Aber auch von seiten der Regierung und der Gemeinde geschieht in dieser Richtung nur wenig.

1816: . . . *Die Waldämter waren beinahe durchaus mit unwissenden, nachlässigen Menschen besetzt, welche nicht einmal die Wälder gegen das verderbliche Abästen der Nadelholzbäume (zum Behufe der Streue), gegen Eintreibung des Viehes, willkürliche Schläge, das Auslichten und Waldfrevel aller Art zu schützen verstanden, oder sich bemühten* (Josef Hermann, S. 35).

Und 1823 über den Umgang mit Schnitzholz: ... *leider wird damit so unwirthschaftlich gebahret, daß mit Ausrottung des Zirbelbaumes der ganze Erwerbszweig seinem baldigen Ende sich nahet; denn der Arbeiter ist ja schon jetzt genöthigt, das Holz aus den benachbarten Gemeinden, ja selbst aus Fascha* (Fassatal) *herbeyzuschleppen* (Stephan, Edler von Keeß, »Darstellung des Fabrik- und Gewerbewesens ...« S. 34).

1838: ... *ja manchmal ist es auch um hartes Geld schwer zu bekommen, und es hat Fälle gegeben, wo sich der Schnitzer ohne Anfrage des Besitzers widerrechtlich in den Besitz des Zirbelkieferbaumes gesetzt, und mit Freuden auf die Klage des Waldinhabers die vom Gericht ausgesprochene Entschädigung erlegt hat* (Beda Weber, S. 133).

1858 wird in einer Reisebeschreibung von den ungeheuren Baumstümpfen in Grödens Wäldern gesprochen. *Sie gehören sämmtlich der Zirbelkiefer an, deren Holz das Schnitzmaterial liefert, und reden zugleich von einer greulichen Verwüstung, die hier oben stattgefunden. Nirgends ist eine Zirbel erhalten, deren Umfang nur einigermaßen an den dieser Stümpfe erinnert, — nirgends ist eine neue Schonung dieses Lebensbaumes der Grödner angelegt* (Karl Müller, S. 296).

Erstmals 1888 wird die Zirbel als »ziemlich reichlich vertreten« bezeichnet, obgleich im gleichen Bericht auch über die Waldverwüstung in den letzten 30 Jahren geklagt wird.

1891 schreibt Franz Moroder, selbst Grödner und genauer Kenner der Lage, daß von einer Walddevastation und großem Holzmangel, wie in allen Berichten behauptet würde, nicht die Rede sein könne, und daß die Zirbel nicht am Aussterben sei. Allerdings wird um diese Zeit Zirbelholz fast ausschließlich nur noch für Bildhauerarbeiten, nicht aber wie in früheren Zeiten in der Spielzeug-Heimindustrie benützt.

Bestätigt wird diese Aussage 1901 in einer Arbeit der k. k. Gewerbeinspektoren über die Heimarbeit in Österreich, wo es heißt: *Die Grödner Gemeinden sind sehr reich an Waldbesitz, so daß die Befürchtung unbegründet ist, es könnte die Heimindustrie jemals wegen Mangel an Holz eingehen* (Edgar Astolfi, S. 201).

Die ungeregelte Holzbeschaffung seitens der Schnitzer und der mangelnde Überblick über den tatsächlichen Holzverbrauch in der Heimindustrie mögen in Zusammenhang mit der Pflege des Forstes für die Befürchtungen in Hinblick auf Grödens Schnitzholzbestände Anlaß gewesen sein, vor allem hinsichtlich der Zirbelkiefer. Die besten und die am bequemsten transportierbaren Stämme werden vom Schnitzer geschlagen. Es muß aber auch gesagt werden, daß ihr niedriger Verdienst es den Heimarbeitern unmöglich macht, Geld für Schnitzholz auszugeben; eine Tatsache, die sowohl der Forstbehörde wie auch der Regierung, der Gemeinde und den Verlegern (Großhändlern) bekannt ist.

Erst ab den sechziger Jahren des vorigen Jahrhunderts wird den Schnitzern von der k. u. k. Ärarverwaltung Holz zugeteilt. Und erst ab Ende des Jahrhunderts gibt es im Linzenzwege Holzzuteilungen der Gemeinde zu billigen Preisen, wenn nicht umsonst. Gleichzeitig wird eine strenge Waldaufsicht ausgeübt. Durch diese Maßnahmen wird weniger Holz gefrevelt, und die Verhältnisse in Grödens Waldungen bessern sich.

Wie es in der Zeit davor aussieht, gibt eine Schilderung aus dem Jahre 1877 anschaulich wieder: ... *Nun hegt aber die Gemeindevertretung den unvernünftigen Grundsatz, keinen einzigen Stamm weder umsonst noch käuflich den Arbeitern abzugeben, sowie überhaupt kein Holz zu verkaufen, obwohl eine regelmäßige Ausnutzung und Nachforstung den Waldungen einerseits nicht schadet, andererseits der Gemeinde pecuniär nützen würde, und rechtfertigt dieses Vorgehen durch die sehr zweifelhafte Annahme, daß das abgegebene Holz nur weiterverkauft und so wie so — gestohlen würde. So ist also der Schnitzarbeiter, wenn er das Holz nicht um schweres Geld von den Nachbargemeinden kaufen will, in der That gezwungen, dasselbe zu stehlen. Dies geschieht denn auch in reichlichem Maße. Man kann rechnen, daß alljährlich 2000 Stämme entwendet werden. In der Regel benützt man dazu die Nacht, geht ½ bis ¾ Stunde weit in den Wald, fällt den geeignet scheinenden Baum, entästet und sägt ihn, indem man den Stamm mit der Jacke umwickelt, um den Klang der Axt und Säge zu dämpfen. Der Stamm wird sodann im Sommer geschält, um leichter fortgebracht zu werden, an einem Stricke weitergeschleift und zuweilen gewälzt, um die Spur unkenntlich zu machen. Dies erfordert selbstverständlich viele Mühe und Strapazen, und bringt nebenbei noch die stete Sorge mit sich, vom Aufseher als Waldfrevler ertappt oder mit einer unliebsamen Haussuchung überrascht und empfindlich abgestraft zu werden. Auch die jeweilige Gemeindevorstehung kommt durch dieses unnatürliche Verhältniß in eine rechtswidrige Situation, indem die in der Gemeinderepräsentanz sitzenden Verleger öffentlich über die Frevler schmähen, während sie daheim in ihren Bureaux die Arbeiter zu immer neuen Waarenlieferungen auffordern, wohl wissend, daß das Material dazu aus dem Gemeindewald defraudiert wird ... Die Arbeiter sind gewohnt, alle Schuld auf die Vorstehung zu schieben, von der sie beständig die Abgabe von Holz fordern, welcher Forderung, wie gesagt, nicht genügt wird, sitzen oder zahlen ihre Strafe, wenn sie als Walddefraudanten entdeckt werden, unter Schimpf und Groll ab und beeilen sich nachträglich, den durch die Strafe erlittenen Schaden durch weiteren Holzbezug auszuwetzen* (Ludwig von Hörmann, »Tiroler Volkstypen«, S. 256).

Wie groß die Waldgebiete Grödens und der Bestand an Schnitzholz waren, wurde tatsächlich bis in unser Jahrhundert hinein mehr geschätzt als gemessen. Die Angaben über den Waldbestand z. B. in der Gemeinde Wolkenstein liegen, nach Wilhelm Lutz, im Jahre 1954/55 beim Katasteramt, im Grundbuch und bei der Forstbehörde zwischen 650 und 1391 ha. Ein eindrucksvolles Beispiel dafür, wie wenig verläßlich die sog. exakten Daten aus diesem Gebiet sind.

Malerinnen, Malmaterial und -technik

Parallel zur Schnitzerei läuft etwa ab 1820 in Gröden die Bemalung des Spielzeugs. Bis zu diesem Zeitpunkt wurde die Ware auswärts angemalt. Oberammergaus Chronist Daisenberger schreibt über die Bemalung von Spielzeug: *Früher hatte die Farbe des Holzes für die Schnitzwerke genügt. Jetzt kam man darauf, die geschnitzten Figuren zu bemalen. Dieß war ... eine Art lackieren. Diese Art Malerei lernten die Ammergauer bei den Fassen der Kirchenaltäre, borgten auch den Künstlern in Augsburg etwas ab. Dann fanden sie durch Nachdenken und Erfahrung selbst viele Vortheile* (S. 191).

Das Geheimnis der Farb- und Lackzusammensetzung wurde in Oberammergau streng gehütet, und erst recht in Berchtesgaden war darüber nichts in Erfahrung zu bringen. Die dortigen Faßmaler, die in einer eigenen Zunft zusammengeschlossen waren, ließen einen Schnitzer seine eigene »weiße Ware« nicht selbst bemalen und bewahrten ihr Geheimnis so gut, daß im 18. Jahrhundert aus dem Berchtesgadener Gebiet auswandernde Schnitzer versuchen mußten, ohne Kenntnis der Zusammensetzung von Farbe und Lack auszukommen. Ihre bei Nürnberg gegründete Industrie geht schließlich daran zugrunde, daß die Bemalung ihres Spielzeugs nicht wasserfest ist.

So bleibt den Grödner Spielzeugschnitzern keine andere Wahl, als einen Teil ihrer Ware unbemalt zu lassen und den Rest der Oberammergauer Konkurrenz zum Bemalen und größtenteils auch noch zum Verschleißen (Verkaufen) zu liefern.

1914 wird an zwei Stellen behauptet, die Grödner hätten außer in Ammergau auch noch in Berchtesgaden malen lassen. Diese Annahme hat wenig Wahrscheinlichkeit für sich, da Berchtesgaden von Gröden aus wesentlich schlechter zu erreichen ist als Oberammergau.

Daisenberger schreibt, daß 1818 — nach schweren Jahren — wieder Leute aus Gröden gekommen seien, um Ware zu holen. Dabei könnte es sich um fertig bemaltes Grödner Spielzeug handeln. Und an anderer Stelle: Die Oberammergauer hätten versucht, nachdem man in Gröden selbst angefangen hatte zu malen, *sich wenigstens den Vertrieb der Grödner Arbeiten zu sichern* (S. 193).

Der »Kaiserlich Königlich privilegierte Bothe von und für Tirol und Vorarlberg« berichtet 1820 — in dem Jahr also, als in Gröden nach anderen Quellen mit dem Anmalen von Spielzeug begonnen wurde: *Die Grödner bemahlen ihre Holzwaaren ferner nicht selbst, sie liefern daher auch nur halbfertige Producte, und müssen den Größeren Theil des Gewinnes dem Abnehmer ihrer Halb-Produkte überlassen, da ihre unbemalten Waaren nicht allgemein noch Handelswaare sind* (»Kunstfleiß und Handel der Grödner«).

Um das Jahr 1820 wird *das Anstreichen im Thale selbst mit großem Vortheile eingeführt. Es ist dem erst 1844 verstorbenen Franz Runggaldier zu verdanken,* wird im Jahre 1846 festgehalten (J. J. Staffler, S. 1014).

Wie es den Grödnern schließlich doch gelungen ist, hinter das Geheimnis von Farbe und Lack zu kommen, wird nicht überliefert. Statuen und Altäre waren im 17. und 18. Jahrhundert noch nicht im Tal selbst gefaßt worden. Sie wurden zum Bemalen nach Kastelruth, Gufidaun, Villnöß, Brixen und Bozen verschickt. Für 1840 wird die Zahl der Faßmaler in Gröden mit nur drei bis vier angegeben. Dabei scheint es sich hier nicht um Spielzeugmaler zu handeln.

Herr Adolf Senoner-Vastlé fand einen »Neu verfaßten Katholischen Schreib-Kalender . . .« aus dem Jahre 1771. Auf einer leeren Seite darin hat jemand ein Rezept aufgeschrieben, das der Handschrift nach aus dieser Zeit stammen könnte.

Hier heißt es: *Geigen Firnniß. ½ Seitl Spiritus winis der das Bulfer verpindet. 2 £ Bad Asche. Mastixs 1 Lot, 1 Lot Sandrax. ½ Lot figetöll. Weiß Krepß zum weiße laxur die Farbe 2 mall mit geigen Firnniß dar auf geben, Daß die weiße Farben nit gelb werden. Thue ein wenig Terpentin . . . unther der Farbe Reyben.*

Erläuterung: 1 Seitl = 1/3 Liter; Bad Asche = Pottasche; Sandrax = Sandarak: Harz aus der Rinde von Calitris quadrivalvis; Weiß Krepß = Kremser weiß; Figetöll = Fichtenöl (?).

Ob um 1770 in Gröden schon Versuche unternommen wurden hinter das Geheimnis von Farbe und Lack zu kommen, ist zwar wahrscheinlich, konnte aber bisher nicht belegt werden.

In Grödens Heimindustrie werden zwei verschiedene Grundierungen verwendet, von denen die weiße als die bessere gilt, die rosa jedoch als minderwertig angesehen wird. Für die feinere Grundierung wurde Kalkstein gebrannt, die sog. »weiße Kreide«, der in der Umgebung gefunden wird. Kleinere Mengen zerrieb man einfach zwischen zwei Steinen. Sonst benutzte man einen Steinmörser für diese Arbeit. Das gewonnene Pulver wurde mit Leimwasser angerührt.

Für die rosa Grundierung wurde eine rosa Tonerde, die sich in Grödens Langental findet, ebenfalls mit Knochenleimwasser gemischt (mdl. A. Adolf Senoner-Vastlé).

Die Farben bestanden aus Knochenleim, Bleiweiß oder den verschiedenen Pigmenten. Der Farbtopf wurde auf einen einfachen Ständer über eine kleine Öllampe gestellt, mit einem Stöckchen zum Umrühren. Wurde eine neue Farbe gebraucht, so stellte man den entsprechenden Farbtopf über die Flamme. Öllämpchen und Knochenleim gaben einen unangenehmen Geruch in der Stube, wo gearbeitet und auch gegessen werden mußte (mdl. A. Vinzenz Insam-Neuhaus).

Der Lack endlich bestand aus drei Teilen Kolophonium oder Sandrak — Harz der Sandrak-Zypresse — und einem Teil Lärchenharz, beides in erwärmten Spiritus gelöst (mdl. A. Adolf Senoner-Vastlé).

Das Lärchenharz spielt in Tirol wirtschaftlich eine gewisse Rolle. Wolkenstein schreibt in seiner Chronik: *Auch wird das ganze Land hin und wieder in der höhe Lerget und Pech* (Lerget in verschiedenen Schreibweisen = Lärchenharz; Pech oder auch Bech = Harz) *genugsam gefunden, wird aus dem Land geführt und dem Landesfürsten dadurch ein stattlicher Zoll zugeführt* (S. 50).

Es finden sich in Tirol genaue Vorschriften für das Anbohren der Lärche zur Harzgewinnung, was auf eine bedeutendere Einnahmequelle schließen läßt. *Die feüresgefahr ist bey Lörget-Bohrn sehr gefährlich. Anno 1674 ist die Lörgetordnung ausgeschrieben worden. Ainem Lärchen Baum kann mann ohne Schaden nicht über 10 od. 12 Pfund lörget abohren ... und darfen beileib nicht bis auf den kern eingepohrt werden ... Die Bäum müssen 5 od. 6 Jahr rasten* (Tagebuch v. J. 1754 ...« S. 34 f.).

Blei- und arsenhaltige Farben sind in Gröden ab 1880 streng verboten.

1864 steht zu lesen: *Das weibliche Geschlecht ... genießt ... wegen dem sitzenden Leben und wegen der Beschäftigung mit bleihaltigen Farben nicht immer die beste Gesundheit, weßwegen ein Mann in der Wahl seiner künftigen Gefährtin wohl behutsam sein soll* (J. A. Vian, S. 31).

Und 1875 steht in einem englischen Zeitungsartikel, daß in Gröden *Malen nicht nur schlecht bezahlt wird und wenig einbringt, sondern dazu noch gesundheitsschädigend ist, weil weißes Blei, Arsen und andere giftige Farben verwendet werden* (Margarit Howitt, S. 773).

Gerade mit dem Anmalen einfachen Spielzeugs waren aber auch Kinder beschäftigt und kommen so in Kontakt mit den hochgiftigen Farben.

Außer Leimfarbe wurde auch Wasserfarbe verwendet, vor allem für die Räderbrettchen, auf welche die verschiedensten Tiere z. T. geklebt wurden.

Eine besondere Maltechnik erfordert das Imitieren von Porzellan. Im Grödner Heimatmuseum wird ein Puppenkopf gezeigt, den man für einen Bisquitporzellankopf halten könnte. Die unbemalte Unterseite allerdings beweist, daß es sich um einen bemalten Holzkopf handelt.

Um den Porzellaneffekt zu erzielen, wurde so ein Stück zwei- bis dreimal mit Grundierung gestrichen, deren Leimanteil unterschiedlich hoch gehalten war. Nach jedem Grundierungsanstrich wurde die Oberfläche mit feinem Schleifpapier abgeschliffen. Darauf wurde der »Fleischton« in Leimfarbe aufgetragen, abgeschliffen und von neuem aufgetragen. Dieser Vorgang wurde mit immer feineren Schleifmitteln fortgesetzt, bis der matte Glanz des Porzellans täuschend ähnlich erzielt war (mdl. A. Adolf Senoner-Vastlé).

Die Anstreicharbeit verrichten größtentheils nur Mädchen, die einzeln für sich allein dastehen, und nur einen kleinen Aufwand haben, indem diese Arbeit sehr schlecht bezahlt wird (J. A. Vian, S. 35). Diese Angabe aus dem Jahr 1864 wird u. a. 1890 bestätigt. Danach soll ein Anstreicher täglich zwischen 20 und 80 Kreuzer verdienen, während ein Schnitzer einen Tageserlös von 50 Kreuzer bis zu einem Gulden erreichen kann.

Eine Frau erzählt aus den zwanziger Jahren, daß ihre Mutter als eine geübte Pferdemalerin bei Mithilfe des Mannes, der das Grundieren und Schleifen übernahm, am Tag — bei einer Arbeitszeit von ca. 10 Stunden — ein Dutzend großer Pferde oder fünf Dutzend kleinerer Pferde bemalen konnte. Sie bekam damals für ein großes Pferd 1,80 Lire, mußte aber das »Pech« für den Lack selbst kaufen. Die Frau hatte mit sieben Jahren angefangen, Pferde zu bemalen. Im Winter wurde beim Licht einer Petroleumlampe gearbeitet. Ein Wecken Brot kostete damals 1 Lire, ein »größeres Brötchen« kostete —,25 Lire (mdl. A. Robert Moroder).

Neben der schlechten Bezahlung hatten die malenden Frauen und Mädchen auch noch weniger Sicherheit für Aufträge als die Schnitzer. Während der Verleger sich nämlich von allen gängigen unbemalten Artikeln ein Lager hält, vergibt er Malerarbeiten im allgemeinen nur, wenn eine Bestellung für farbige Ware vorliegt. Puppen, gefragte Größen an Pferden und einige Artikel, die nur als bemalte Ware ausgeliefert werden, hält der Verleger bemalt auf Lager.

So tragen an den Wochenenden die Malerinnen bei den Verlegern ihre Dienste an und sehen zu, wo Bestellung auf farbige Ware vorliegt.

Zu allen Zeiten wird aus Gröden weitaus mehr »weiße Ware« als bemaltes Spielzeug ausgeliefert. Dies ist eine Besonderheit, die Grödens Heimindustrie von ihren Konkurrenzgebieten unterscheidet.

Schon im 19. Jahrhundert wird in Gröden ein unbedeutender Anteil an Spielzeug, mit Brandmalerei verziert ausgeliefert. Diese Ware gehört aber nicht zum typischen Angebot (mdl. A. Johann Malsiner).

Wie auch in anderen Spielzeugzentren bleiben Schnitzer und Maler anonym. In Gröden kann man heute höchstens noch feststellen, daß in einem bestimmten Haus oder in einem bestimmten Anwesen dieses oder jenes Spielzeug geschnitzt oder bemalt wurde, und zwar meistens über Generationen hin; Namen von Schnitzern und Malerinnen einem bestimmten Stück zuzuordnen, ist nicht möglich.

In Reiseberichten des vorigen Jahrhunderts finden sich oft Beschreibungen der Arbeit in der Heimindustrie, die ein lebendiges Bild von Arbeitsweise und Leben der Arbeiter geben. Eine Mrs. Howitt schreibt im Jahre 1875 anläßlich eines Besuches Grödens, daß sie von ihrem Fenster in St. Ulrich aus einer malenden Frau zusehen könne: *Es ist eine junge Grödnerin, die an der Tür des Adler* (Gasthof in St. Ulrich) *gegenüber Äpfel und Birnen verkauft, obgleich Obst hier so hoch oben rar ist und aus einiger Entfernung hergebracht wird ... Da sie ein umsichtiges Mädchen ist, das seinen Lebensunterhalt verdienen will, benutzt sie ihre Zeit dazu, kleine scharlachrote Tupfen auf die Wangen einer großen Menge von »Pfennigpuppen«* (»farthing dolls«; 1 farthing war die ehemals kleinste Zahlungseinheit Englands und entsprach 1/4 Penny. Die Grödner Puppen wurden in England u. a. auch »Pennydolls« genannt) *aufzutragen. Morgen wird sie die rosigen Lippen, die roten Schuhe und weißen Strümpfe hinzufügen; den Tag darauf die schwarzen Augen, Augenbrauen und Haare, all die verschiedenen Gesichtszüge gestaltend, die diese ... Holzkinder haben müssen. Sie sagt uns, daß Herr Purger ihr die Puppen zum zum Bemalen gibt. Er gibt ihr einen »farthing« für das Dutzend, wovon sie auch die Farbe bezahlt. Wenn sie zu Hause arbeiten könnte, ... könnte sie mehrere hundert Dutzend in der Woche bemalen, aber neben ihrem Obststand erreicht sie nie mehr als die Hälfte davon* (Margarit Howitt, S. 773).

Wie viele Frauen und Kinder Spielzeug bemalt haben, wird meist nur in Verbindung mit der Zahl der Schnitzer gesagt. Übereinstimmend wird von dreiviertel aller heimindustrieller Arbeiter als von Schnitzern und von einem Viertel als von Malerinnen gesprochen.

IV Mitschnitzende Nachbargemeinden

In den dreißiger Jahren des vorigen Jahrhunderts, als in Gröden die Heimindustrie durch Aufnahme der Puppenproduktion in voller Blüte stand, schließen sich Bewohner der Nachbarorte St. Peter bei Lajen, Villnöß und des Fassatales der Grödner Heimindustrie an, während Bewohner des Gadertales erst in den siebziger Jahren mit Spielzeugschnitzen angefangen zu haben scheinen. (Über den Umfang der Heimarbeit im Gadertal, und darüber, wie und was dort geschnitzt wurde, und wie die Verbindung zu Grödens Verlegern aussah, war leider bisher so gut wie nichts in Erfahrung zu bringen.) Gröden bildete mit diesen Nachbargemeinden eine Einheit, blieb aber dabei Mittelpunkt für die gesamte Spielzeug-Heimindustrie.

1880 wird für St. Peter, Villnöß und das Gadertal nur eine Gesamtzahl von 50 Heimarbeitern angenommen, während um die Jahrhundertwende für Villnöß 35 und für Enneberg (der Ort Enneberg wird gerne an Stelle des ganzen Gadertales genannt) 30 Schnitzer angegeben sind.

In St. Peter wurde nicht eigentlich Spielzeug hergestellt, sondern von dort kamen Räderbrettchen und das Holz für die Transportkisten der heimindustriellen Erzeugnisse (mdl. A. Johann Malsiner).

Villnöß liefert (nach Haberlandt) Karikaturköpfe, die aber auch in Gröden selbst hergestellt wurden, und — wie man sich im Tal erinnert — in der Hauptsache Pferde (mdl. A. Johann Malsiner).

Pferde schnitzte hier auch Johann Profanter in den Größen von 6—12 Zoll bis zum Zweiten Weltkrieg. Im Winter arbeitete er zu Hause, im Sommer — neben seiner Arbeit mit dem Vieh — auf der Zanser Alm (mdl. A. Robert Moroder).

Die ganze Villnösser Produktion mußte über die Flitzerscharte nach Gröden hinübergebracht werden; das ist immerhin schon ohne Last ein Fußmarsch von ca. 4 Stunden.

Die nur geschätzten Zahlen der Schnitzer in den Nachbargemeinden machen es deutlich, daß lediglich im Fassatal die Spielzeug-Heimindustrie zu einer bedeutenden Erwerbsquelle neben der Landwirtschaft wird. Hier sollen 1891 an die 432 Heimarbeiter gearbeitet haben, während 1901 die Zahl der Spielzeugschnitzer mit 300—500, *je nachdem die während des Sommers ausgewanderten Männer in größerer oder kleinerer Zahl im Herbst zurückgekehrt sind* (Edgar Astolfi, S. 195), angegeben ist.

Die Aufteilung landwirtschaftlichen Besitzes in kleinste Parzellen bedingt, daß ein Großteil der männlichen Bevölkerung des Fassatales im Sommer auf Saisonarbeit gehen muß. Die Versorgung der Landwirtschaft übernehmen unterdessen die Frauen. Ende des 18. Jahrhunderts wird berichtet, daß die »Bewohner des Val di Fascha« ihre Familien fast ausschließlich durch Arbeit in Bozen ernähren müssen und dort als Lagerarbeiter, Maler, Dolmetscher, Schuhputzer, Handlungs-Commis und nebenher sogar als »Tischnarren« beschäftigt sind. Ähnlich wie in Gröden ist auch hier ein Nebenerwerb zur Landwirtschaft zwingend, und so kommt es gerade in diesen beiden Tälern zur Ausbreitung der Spielzeugschnitzerei.

Akrobatin und beweglicher Vogel
Akrobatin: h = 21 cm
Lose auf Podest gestellte Figur durch Bleigewichte in Balance gehalten.
Vogel: h = 9 cm
Beim Fahren heben und senken sich Kopf und Schwanz.
Hergestellt bis 1914
Heimatmuseum St. Ulrich
Foto: R. Moroder

Zirkuspferd mit Reiterin und Zirkusdirektor
h = 24 cm
Hergestellt vor 1914
Heimatmuseum St. Ulrich
Foto: R. Moroder

Akrobatinnen
h = 21 cm
Die lose aufgesetzte obere Figur wird durch Bleigewichte in Balance gehalten. Sie kann in Schwingung versetzt werden, ohne hinunterzufallen.
Hergestellt vor 1914
Heimatmuseum St. Ulrich
Foto: R. Moroder

„Pferd mit Säule schwingend"
h = 21 cm
Das Pferd ist lose auf das Podest aufgesetzt und wird durch das Bleigewicht in Balance gehalten. Es kann in Schwingung versetzt werden, ohne hinunterzufallen.
Hergestellt vor 1914
Heimatmuseum St. Ulrich
Foto: R. Moroder

Reiter auf Gestell schwingend mit Bleigewicht
h = 21,5 cm
Hergestellt bis 1914
Heimatmuseum St. Ulrich
Foto: R. Moroder

„Turner à 1 Figur mit Kugel"
h = 25,5 cm
Hergestellt ca. bis 1930
Heimatmuseum St. Ulrich
Foto: R. Moroder

„Seiltänzer à 1 Figur"
Höhe der Figur 19 cm
Das eingekerbte Rad zwischen den Füßen der Figur wird auf eine gespannte Schnur gesetzt. Die Holzkugel stellt das Gleichgewicht her. Beim Rollen über die Schnur bewegen sich Arme und Beine.
Hergestellt im 19. Jh.
Heimatmuseum St. Ulrich
Foto: R. Moroder

Vogel, schwingend
h = 17,5 cm
Teilweise bemalt
Hergestellt vor 1914
Beine feststehend, Körper
beweglich
Sammlung Stäblein
Foto: S. Stäblein

„Holzhacker, beweglich, mit Hacke und Holzschlägel"
h = 17 cm
Eimerträgerin: h = 13,5 cm
Beine feststehend, Körper schwingen beim Anstoßen.
Hergestellt im 19. Jahrhundert.
Heimatmuseum St. Ulrich
Foto: R. Moroder

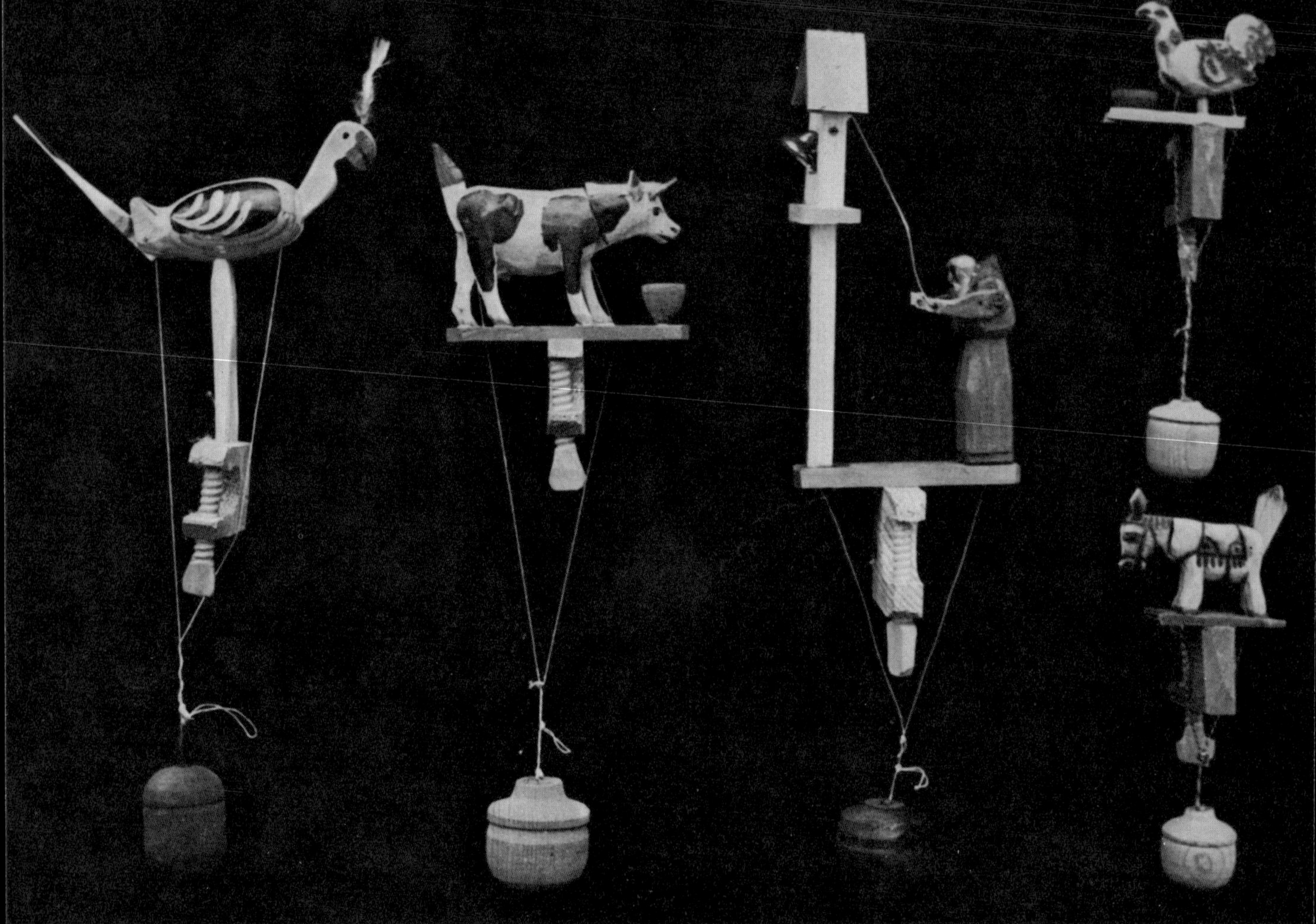

Verschiedenes Pendelspielzeug
Hergestellt zwischen Ende 19. Anfang 20. Jahrhundert. Aufnahme ca. von 1930
Foto: Johann Senoner-Vastlé

Pendelpudel mit Körbchen im Maul.
Höhe der Figur: 9 cm
Teilweise bemalt.
Pudel hebt und senkt den Kopf.
Hergestellt bis 1914
Sammlung Stäblein
Foto: S. Stäblein

Kuh mit Kälbchen
Höhe der Kuh = 9 cm
Beim Anstoßen des hinunterhängenden Pendels senkt die Kuh den Kopf zum Trog, das Kälbchen hebt den Kopf zum Trinken. Hergestellt noch im 20. Jahrhundert.
Heimatmuseum St. Ulrich
Foto: R. Moroder

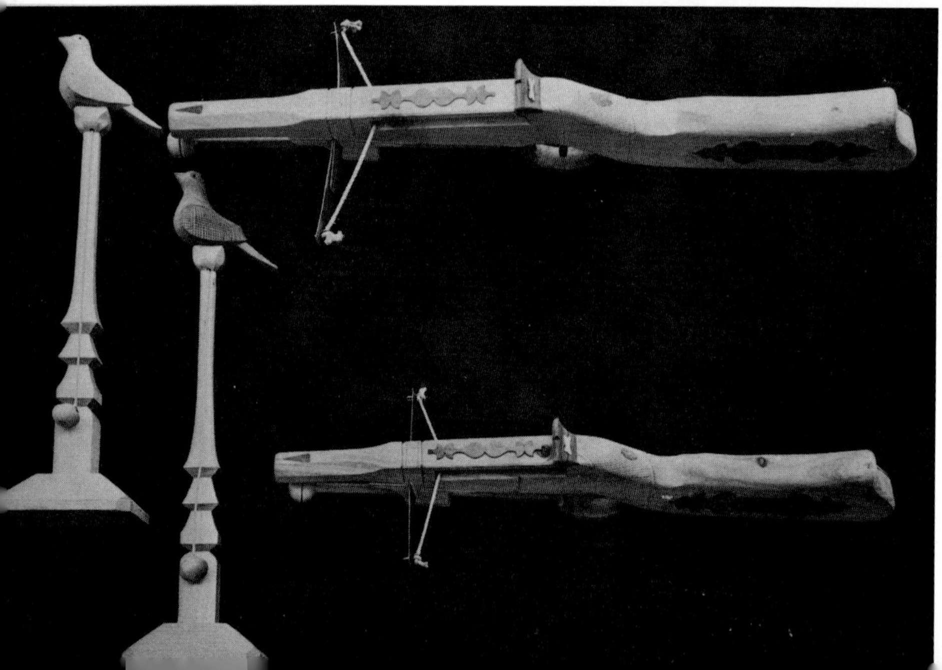

„Armbrust mit Vogel
(Aufschrift Wilhelm Tell)"
h = 60 cm
Wird der Vogel getroffen, so fällt er hinunter und kann durch Schnurzug wieder an seinen Platz gezogen werden.
Hergestellt ca. bis 1925.
Heimatmuseum St. Ulrich
Aufnahme ca. 1930
Foto: Johann Senoner-Vastlé

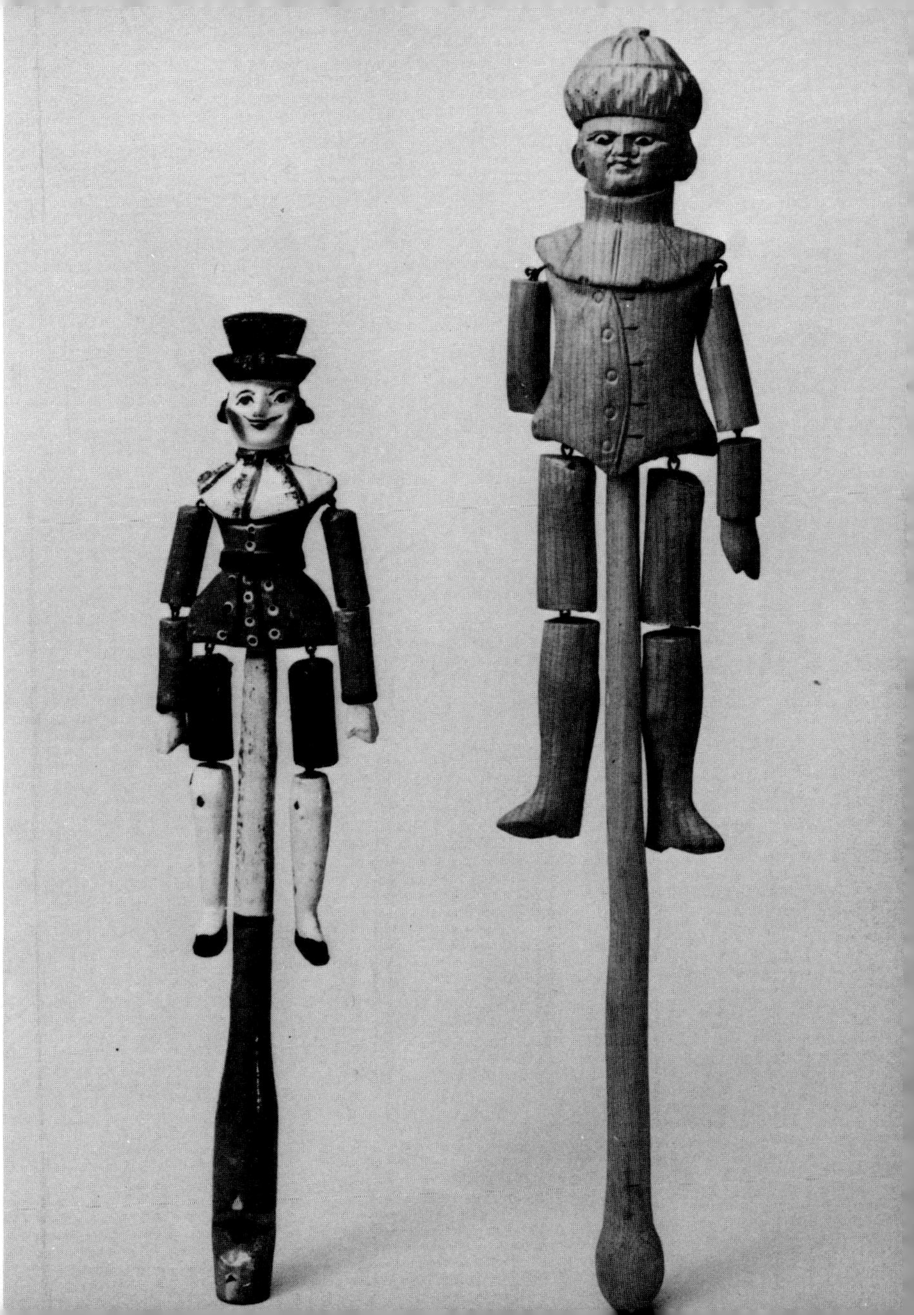

Steckengaukler
h = 25 und 32 cm
Beim Drehen fliegen die Arme und Beine seitwärts.
Die farbige Figur hat am Stockende eine Pfeife.
Hergestellt im 19. Jh.
Heimatmuseum St. Ulrich
Foto: R. Moroder.

„Fadengaukler mit Bart, mit Kniegelenk"
„weiße Ware"
h = 36 und 40 cm
Hergestellt im 19. Jahrhunde
Heimatmuseum St. Ulrich
Foto: R. Moroder

Fadengaukler
h = 24–28 cm. Hergestellt 2. Hälfte des 19. Jh.s.–1930 je nach Art.
Heimatmuseum St. Ulrich Foto: R. Moroder

„Wiegenpferd mit Reiter, gesattelt
h = 30 cm
Hergestellt vor 1914
Heimatmuseum St. Ulrich
Foto: R. Moroder

Die Heimindustrie im Fassatal unterscheidet sich in einigen Bereichen von derjenigen Grödens. Hier werden in der Hauptsache Tiere geschnitzt, die in ihrer Qualität der allereinfachsten Ware zuzuordnen sind. Von diesen Tieren sollen um 1900 ca. 80% Pferde und der Rest Vögel (die meisten Hähne) gewesen sein. Den meisten Angaben zufolge wurde in den Größen von vier bis zehn Zoll geschnitzt. Ein Grödner Verleger erinnert sich aber noch bis in die zwanziger Jahre hinein, aus dem Fassatal Pferde von fünf bis zwölf Zoll bezogen zu haben (mdl. A. Ferdinand Rifesser). Andere ehemalige Spielzeugverleger sprechen davon, daß hier gerade die großen Tiere geschnitzt worden seien, als in Gröden das Schnitzholz knapp zu sein schien (mdl. A. Julie Giovanardi, Adolf Senoner-Vastlé). Auch Kakelorums, Kreisel — vom einfachsten bis zum Brummtopf bzw. Brummkreisel — kommen aus dem Fassatal (mdl. A. Ferdinand Rifesser, Johann Malsiner). Fast alle Ware wurde unbemalt ausgeliefert.

Geschnitzt wird in Fassa aus Tanne und Fichte — selten aus Zirbel. Kaum mehr als fünf Prozent des Holzes werden angekauft oder stammen aus eigenem Walde. Der größte Teil wird auch hier aus den Gemeindewaldungen »gefrevelt« oder dem Brennholz entnommen, das die Gemeinde der bedürftigen Bevölkerung kostenlos zur Verfügung stellt. Als Ersatz für das »verschnitzte« Brennholz dürfen Strünke und Wurzeln gefällter Bäume ausgegraben und verheizt werden. Im Fassatal wird mit den Waldbeständen sorgsam umgegangen und *behördlicherseits das Schnitzen nur während dreier Wintermonate gestattet, falls das Holz nicht nachweisbar für Schnitzzwecke gekauft wurde. Wird ein Arbeiter während einer anderen Jahreszeit beim Schnitzen ertappt, so hat dieß strenge Ahndung zur Folge. Ein Nachteil dieser Verordnung ist, daß manche Familien, um der Strafe zu entgehen und um sich der äußersten Noth zu erwehren, ganze Nächte hindurch bei geschlossenen Thüren und Fenstern zu arbeiten bemüßigt sind, was besonders für Frauen und Kinder nicht wenig gesundheitsschädlich ist. Trotz aller Aufsicht, die immer strenger ausgeübt wird, klagen sämmtliche Gemeindevorstehungen über fortgesetzte Waldfrevel, die ihre Bestände nicht unbeträchtlich gefährden; sie währen wohl insgesammt geneigt, die Schnitzerei ein für alle Mal zu verbieten, wenn selbe nicht zur Lebensfrage für die ohnehin außerordentlich arme Bevölkerung geworden wäre. — Nachdem kein Schnitzer über ein Hauswesen verfügt, wo Dienstleute in Betracht kommen können, so ist er nur auf die Hilfeleistung seiner Familie angewiesen, deren Angehörige beiderlei Geschlechtes vom 8jährigen Kinde angefangen ... wacker bei der Schnitzarbeit mithelfen. Die von Frauenspersonen und Kindern zu leistende Arbeit ist insofern gesundheitsnachtheilig, als Erstere unausgesetzt theils sitzend, theils stehend am Schnitztische mit den Schnitzwerkzeugen hantieren, und hierbei besonders die Kinder durch den Mangel an Bewegung im Freien und in Folge des vielen Nachtwachens, durch den steten Aufenthalt in schlecht gelüfteten, wenig geheizten, kurz in jeder Hinsicht mangelhaften Stuben in ihrer Entwicklung beeinträchtigt werden. Deshalb begegnet man hier im Fassathale ... nur zu oft blassen und abgehärmten Kindern, denen die natürliche Lebhaftigkeit völlig abhanden gekommen ist* (Edgar Astolfi, S. 196).

Beil, Handsäge und Schnitzmesser bilden das Werkzeug. Oft soll mit einem Stein der Umriß eines Tieres in die Fensterscheibe geritzt gewesen sein — ließ sich im Fassatal nicht mehr nachweisen —, nach dem gearbeitet wurde.

Die Bezahlung ist um die Jahrhundertwende der unvollkommenen Arbeit wegen noch geringer als für die in Gröden hergestellte Ware. Für ein Dutzend Tiere erhält der Schnitzer je nach Größe 15 bis 60 Kreuzer. Der Tagesverdienst beläuft sich auf ca. 75 Kreuzer, der Wochenverdienst einer Familie auf drei bis vier Gulden.

Die Jahresproduktion an Spielzeug soll sich um die gleiche Zeit für das Fassatal nach verschiedenen Quellen auf 15.000—25.000 Gulden belaufen haben.

Die Ware, die hier geschnitzt wird, ist oft so primitiv, daß Grödens Verleger sich entweder nicht zu einer Abnahme entschließen oder die Preise so weit herabsetzen, daß sich die Arbeit und der Transport vom Fassatal nach Gröden fast nicht lohnen. So zündeten Fassataler Schnitzer zu Anfang des Jahrhunderts nach erfolglosem Anbieten ihres geschnitzten Spielzeugs bei Grödner Verlegern aus Protest einmal ihre Ware mitten in St. Ulrich am Antoniboden an, um sie nicht auch noch über das Sellajoch heimtransportieren zu müssen.

Es wird auch von einem Grödner Verleger berichtet, der, die Situation der Fassataler Schnitzer ausnutzend, die Verhandlungen am Ablieferungstage so weit hinauszuschieben verstand, bis die Arbeiter bereit waren, ihm ihre Ware zu jedem gebotenen Preise abzugeben. Immerhin mußten sie noch vor Anbruch der Dunkelheit über das 2000 m hohe Sellajoch und auf halsbrecherischem Wege hinunter ins Fassatal. Eine Kranken- und Unfallversicherung gab es hier genau so wenig wie in Gröden.

Im Winter war der Transport nur unter schweren Anstrengungen möglich, *indem die Leute, je eine Last auf dem Rücken und den langen Bergstock in der Hand, das lawinengefährliche Joch übersetzen mußten* (Ludwig von Hörmann, »Tiroler Volkstypen . . .« S. 254).

Zu Zeiten, in denen die Aufträge an die Heimindustrie die Lieferkapazität Grödens überstiegen, wurden die Fassaner Schnitzer bereits am Fuße des Jochs, zu Plan in Wolkenstein, von Aufkäufern abgepaßt (mdl. A. Vinzenz Insam-Neuhaus); gewöhnlich aber mußte die Ware den Grödner Verlegern im Hausierwege angeboten werden, so daß oft ein Gang bis hinunter nach St. Ulrich nötig war, denn auf Bestellung aus Gröden konnten Fassataler Schnitzer nur selten arbeiten.

Fand sich am Produktionsort im Fassatal ein Abnehmer für die Ware, so wurde dieses Geschäft am Sonntag gelegentlich des Kirchganges abgewickelt. Mußte nach Gröden hinüber geliefert werden, so geschah das am Sonntag nachmittag, so daß kein Arbeitstag für den weiten Gang — mit der Kraxe auf dem Rücken — vergeudet werden mußte. Oder aber es wurde die Arbeit mehrerer Wochen, auf Maultier und Esel, in Säcken verpackt, über das Sellajoch transportiert. Das abgelieferte Spielzeug wurde den Schnitzern beim Verleger in Gröden sofort in bar bezahlt.

Im Fassatal geht der Verkauf des Spielzeugs z. T. über Aufkäufer, die entweder auf Bestellung von Verlegern oder auf eigene Rechnung arbeiten. *Im ersten Falle wird vom Heimarbeiter im Kleinen übernommene Waare je nach der erhaltenen Ordre, zum vorher vereinbarten Preise partienweise dem Verleger geliefert, im letzteren Falle werden die im Kleinen erstandenen Heimindustrie-Erzeugnisse zu einer Partie von 50—200 Dutzend angesammelt, dann den einzelnen Verlegern offeriert und dem Meistbietenden abgegeben* (Edgar Astolfi, S. 194 f.).

Um die Jahrhundertwende sind 4 solcher Mittelsmänner in den wichtigsten Produktionsorten des Fassatales ansässig, deren jährlicher Warenumsatz auf 4000—6000 fl. geschätzt wurde (fl. = Florin = Gulden). Außer diesen Aufkäufern gibt es hier einige Verleger für Spielzeug, die z. T. aber für Verleger in Gröden arbeiten oder teilweise auch aus Gröden stammende Ware zusammen mit Fassataler Spielzeug verschleißen. Im allgemeinen handelt es sich im Vergleich zu Grödens Verlegern nur um kleinere Unternehmen, deren Umsatz sich im Zusammenhang mit der Erhöhung der Einfuhrzölle in den achtziger Jahren auf ein Minimum reduziert. Um diese Zeit fangen die Schnitzer in Gröden an, sich auf christliche Kunst umzustellen — eine Entwicklung, die wegen der seit den Anfängen der Spielzeugschnitzerei geringen Qualität der dortigen Erzeugnisse im Fassatal nicht mitvollzogen werden kann.

Noch vor 1914 gibt es im Fassatal den Versuch einer Genossenschaftsgründung. Dafür wird sogar ein »Fachmann« aus Deutschland geholt, und es werden auch schon gemeinsam Maschinen gekauft. Dieser Zusammenschluß hat keinen Erfolg, und viele Bauern, deren Geld in dem Unternehmen steckt, kommen in ernste Schwierigkeiten (mdl. A. Adolf Senoner-Vastlé).

Eines der Ziele der Fassataler Genossenschaft war die Umgehung der Grödner Verleger beim Vertrieb der Ware. Gröden nimmt daraufhin die speziell im Fassatal angefertigten Artikel aus seinem Angebot, und die Schnitzer können nun, nach Ende ihres Zusammenschlusses, die traditionell von ihnen angefertigte Ware nicht mehr absetzen. Dies ist einer der wesentlichen Gründe für den Rückgang der Heimindustrie im Fassatal (mdl. A. Vinzenz Insam-Neuhaus, Adolf Senoner-Vastlé).

Nach dem Ersten Weltkrieg gibt es im Fassatal nur noch wenige Spielzeugschnitzer.

In den zwanziger und dreißiger Jahren fährt ein Verleger aus Gröden nur noch zweimal jährlich mit einem Pferdefuhrwerk, um sich Ware aus dem Fassatal zu holen. So eine Fahrt dauerte, wie ein ehemaliger Arbeiter, der diese Transporte durchführte, versichert, von drei Uhr früh bis sieben Uhr abends (mdl. A. Johann Malsiner).

Es darf nicht vergessen werden, daß im Fassatal die Schnitzer noch weniger Anregungen für ihre Arbeit bekamen als ihre Nachbarn in Gröden. Irgendwelche Zeichen- oder Schnitzschulen gab es hier nicht. Erst in den dreißiger Jahren unseres Jahrhunderts sollte endlich durch Eröffnung einer Fachschule die Schnitzerei im Tal belebt werden. Der Versuch mißlingt, und in den sechziger Jahren schnitzen im ganzen Fassatal nur noch zwei bis drei Personen für die Grödner Firma Anri (kein Spielzeug!).

V Das Lieferprogramm

Um ein ungefähres Bild des Grödner Lieferprogramms zu geben, folgt hier auszugsweise ein Teil der angebotenen Artikel aus einem »Preis-Courand über geschnitzte Holzwaaren . . .« der Firma Insam und Prinoth aus dem Jahre 1888 bzw. 1890.

Weiße Waaren

Figuren, feinste aus Ahornholz sortiert in Tiroler Tracht, 3—7 Zoll;
Figuren, mittelfein, von Espenholz, assortirt in Tiroler Trachten, 3—12 Zoll;
Figuren, bessere, Zirbel-Holz, gut assortirt, 4—15 Zoll;
Holzhacker, beweglich, mit Hacke und Holzschlägel in 3 Größen;
Wagen mit 2 vollen Rädern oder mit 2 Speichenrädern, oder 4 vollen Rädern, oder 4 Speichenrädern mit 1 oder 2 Pferden, 3,5—10 Zoll;
Sandwagen mit 4 vollen Rädern und Deichsel, 10—12 Zoll;
Sandwagen mit 4 vollen Rädern u. 1 Pferd, in 5 Größen;
Wagen mit 4 Speichenrädern u. Deichsel, 10—12 Zoll;
Chaise, klingend à 2 Räder mit 1 Figur u. 1 Pferd;
Harlequin auf Pferd, 4,5 Zoll;
Harlequin auf Pferd, klingend, 6 Zoll;
Harlequin auf Säule mit 4 Rädern;
Harlequin auf Rädern mit Deichsel à 2 Figuren mit Schellen;
Harlequin mit Deichsel à 2 Figuren;
Harlequin mit Deichsel à 2 Figuren, größer;
Harlequin mit Deichsel à 1 Figur;
Affe auf Rädern;
Trommelschläger;
Affe mit Jungen, beweglich;
Kapuziner à 1 Figur mit Glocke;
Kapuziner à 2 Figuren mit Glocke;
Gaukler an der Schnur;
Seiltänzer à 1 und 2 Figuren auf gedrehter Säule;
Seiltänzer à 1 Figur, bessere;
Seiltänzer à 1 Figur, bessere, auf gedrehter Säule;
Turner à 1 Figur mit Kugel;

Stockgaukler als Affe, Mäuse und Männer;
Bären und Affen auf Stock;
Pferde mit Figur, 5—8 Zoll;
Pferde mit Figur auf Brett und Rädern, 4,5—7 Zoll;
Wiegenpferde mit und ohne Reiter, gesattelt, 7 verschiedene Nummern;
Wiegenpferde, große, zum Aufsitzen in 5 Größen;
Affen, musicirend, assortirt, 1—5 Zoll;
Beladene assortirte Thiere mit Krippe;
Thiere assortirt, ohne Brett 1—8 Zoll;
Thiere assortirt, auf Brett mit Rädern aufgeleimt, 9 Größen;
Blos Pudel, auf Rädern aufgeleimt, 5 Größen;
Thiere assortirt in Schachtel, 5 Größen;
Thiere, 10 Stück assortirt, mit Hirt und Hirtin, 4 Größen;
Davon ein Extra-Assortiment, wird entspr. höher berechnet;
Thiere, halbfeine, von Espenholz in Schachtel, 6 Größen;
Thiere, feinste, von Ahornholz, in Schachtel, 7 Größen;
Pferde auf Brett aufgeleimt, 3—14 Zoll = 14 Größen;
Fadengaukler mit und ohne Bart, ohne Kniegelenk 7—14 Zoll;
Fadengaukler mit und ohne Bart, mit Kniegelenk 12 u. 14 Zoll;
Fadengaukler-Caricaturen 1,5—15,5 Zoll;
Arche Noah, 25—400 Thiere, 10 Größen;
Brummkreisel;
Tabaksetzer (Komische Figur als Schnupftabakdose);
Vogel mit beweglichem Kopf und Schwanz;
Kukuk;
Vogel mit beweglichem Kopf und Schwanz auf 3 Rädern;
Wachtel von Espenholz mit Pfeife;
Velocipedes mit Hund in 2 Größen;
Pferd mit Säule, schwingend;
Karren mit Pferd oder Esel auf Rädern;
Gesatteltes Pferd, 5 Zoll, auf Wiege mit Figur;
Schubkarren mit Figur;
Schubkarren mit Kiste zum Öffnen und Figur;
Brodkarren mit Deckel und 1 Pferd, 4 Zoll;
Ziehkarren à 2 Räder m. Figur od. versch. Thieren, 6 Muster;

Bär und Schmied am Ambos ihre Kraft erprobend in 2 Größen;
Mann mit Affe, trommelnd;
Armbrust mit Vogel (Aufschrift Wilhelm Tell) in 2 Größen;
Viehweide mit Hirt, fein, aus Espenholz in flacher Schachtel;
Viehweide, feine, mit 2 Hirten;
Boote, weiße, mit Segel, 6—10 Zoll;
Mausfallen, runde, mit beweglicher Maus.

Theils weisse, theils gemalte Waare

Krippenfiguren, ordinäre, gemalt in 6 Größen, 2—6 Zoll;
Krippenfiguren, bessere (gemalt in Wasserfarbe) 1—6 Zoll;
In Garnituren mit Ochs und Esel, dann 4—6 Schafe;
Feine, gepolsterte Chaise, 2 beschl. Räder mit Pferd in 11 versch. Größen bzw. Ausführungen;
Sandwägen mit 4 vollen Rädern und 1 Pferd, gemalt in 4 Größen;
Sandwägen mit 4 vollen Rädern mit Deichsel, gemalt in 4 Größen;
Wägen m. 4 Speichenrädern m. Deichsel, gemalt in 6 Größen;
Cabriolets m. 2 Speichenrädern und 1 Pferd, gemalt in 4 Größen;
Müllwägen mit 2 Ochsen bespannt, gemalt;
Frachtwägen mit Kisten, mit 2 Rädern und 1 Pferd;
Frachtwägen, gemalt oder weiß in 8 Größen;
Frachtwägen mit Kisten und Fässern. Mit 2 Rädern und 1 Pferd;
Frachtwägen, gemalt oder weiß in 8 Größen;
Frachtwägen mit Kisten mit 4 Rädern und 2 Pferden;
Frachtwägen, gemalt oder weiß in 8 Größen;
Frachtwägen mit Fässern, mit 4 Rädern und 2 Pferden;
Frachtwägen, gemalt oder weiß. in 8 Größen;
Cabriolets mit 2 Rädern und 1 Pferd, 3—6 Zoll;
Chaisen mit 4 Rädern und 1 Pferd, gemalt 6 Größen;
Chaisen mit 4 Rädern und 2 Pferden, gemalt 6 Größen;
Steirerwagen, geflochten, mit 4 Rädern und 1 Pferd;
Steirerwagen, gemalt in 5 Größen;
Steirerwagen, geflochten und 2 Pferde, gemalt 6 Größen;

Omnibusse mit 4 Rädern und 2 Pferden, gemalt und weiß, in 5 Größen;
Tramway mit 4 Rädern und 2 Pferden, gemalt oder weiß in 6 Größen;
Landwägen und Fremdenwägen, weiß;
Assortirte Wägen, weiß.

Gemalte Waaren

Puppen ohne Nasen, ½—2 Zoll;
Puppen, bessere, mit Nasen 3—24 Zoll, in 8 Größen;
Puppen, ordinäre mit Locken, 3 und 4 Zoll;
Puppen, bessere mit Nasen und Locken, 3—6 Zoll, 4 Größen;
Puppen, beste, mit Arm- und Kniegelenk, mit Nase u. Locken, 4—12 Zoll, in 8 Größen;
Holztäuflinge mit Frisur, 6—12 Zoll, in 7 Größen;
Dockenleiber, 3—5,5 Zoll, in 6 Größen;
Ganzlederpuppen mit Holzköpfen, 6—20 Zoll, in 8 Größen;
Halblederpuppen mit Holzköpfen, 5—12 Zoll, in 12 Größen;
Knabenköpfe in 8 Größen;
Damenköpfe in 9 Größen;
Damenköpfe, bessere, in 15 Größen;
Bierwagen mit 2 Rädern und 1 Pferd in 6 Größen;
Wickelpuppen, 4—14 Zoll, in 12 Größen;
Dame mit Kind, bessere, in 2 Größen;
Wiege mit Kind, in 6 Größen;
Kapuziner mit Glocke, à 1 Figur;
Kapuziner mit Glocke, à 2 Figuren;
Klöster mit 2 Mönchen;
Lämmer auf Brett in 2 Größen;
Schafe auf Brett mit Rädern, 1—4 Zoll, in 8 Größen;
Affe musicierend, 1—5 Zoll in 7 Größen;
Ochsen und Esel auf Brett, 1 und 2 Zoll;
Thiere, assortirt, ohne Brett in 6 Größen;
Thiere, assortirt auf Brett mit Rädern, in 10 Größen;
Vögel auf Rädern in 3 Größen;

Kühe auf Rädern, ohne Kalb, in 10 Größen;
Kühe auf Rädern, mit Kalb, in 10 Größen;
Hähne auf Rädern, in 6 Größen;
Pferde auf Brett, 3—12 Zoll, in 20 Größen;
Pferde paarweise, mit Brett 5—12 Zoll, in 8 Größen;
Pferde angeschirrt, einzeln auf Brett, 5—14 Zoll, in 10 Größen;
Pferde, paarweise angeschirrt auf Brett, 5—14 Zoll, i. 10 Größen;
Pferde, feinste, paarweise, ohne Brett, 4—14 Zoll, in 12 Größen;
Wiegenpferde ohne Figur, in 5 Größen;
Wiegenpferde, große, zum Aufsitzen, in 6 Größen. Mit Handhabe durch alle Größen kosten 10 kr. per Stück mehr;
Wiegenpferde mit Reiter, in 3 Größen;
Reiter, ordinäre, größere und noch größere;
Reiter, bessere, in 3 Größen;
Fadengaukler;
Fadengaukler, Doppelgesichte und Kopf beweglich, 8—20 Zoll, in 8 Größen;
Fadengaukler in 6 Größen;
Frösche mit Wachs, kleine, größere, noch größere;
Mäuse, springend;
Mäuse, springend, mit Wollstaub;
Mäuse mit Wollstaub, mit 1 Bleirad, in 2 Größen;
Mäuse mit Wollstaub, mit 2 Bleirädern;
Arche Noah mit weißen Thieren, 25—300 Thiere, in 8 Größen;
Seiltänzer mit 2 Figuren;
Polichinellköpfe, assortirt, 2—6 Zoll, in 9 Größen. Auf Wunsch werden auch die Hände u. Füße passend hiezu angefertigt;
Brummtöpfe;
Roulette- oder Thurmspiele, ohne Kugel, in 7 Größen;
Gemalte Holzhacker mit Hacke und Schlägel, beweglich;

*

Die Artikel sind je nach Werthe in 1, 1/2, 1/4 und 1/6 Gros usw. eingebunden.

Kataloge und Preislisten

Insam & Prinoth, einer der größten Spielwarenverleger Grödens, soll hier stellvertretend stehen für die anderen Verlegerfirmen des Tales. Den letzten deutschsprachigen Spielzeugkatalog ließ der Großhändler 1890 drucken. Dieses *illustrierte Blatt, welches aber nicht ganz maßgebend ist,* wurde auch in den Zeiten weiter verschickt, als die Spielzeugproduktion mehr und mehr zurückging. 1912 wird in einem Brief vermerkt: *Wir haben wegen der alljährlich erscheinenden Neuheiten keine weitere Preisliste herausgegeben.* Daneben wird aber, gegen Einsendung von 20 Kronen, ein »großes Buch« zur Ansicht verschickt. Dabei dürfte es sich um ein Musterbuch aus den siebziger bis achtziger Jahren handeln, in dem handkoloriert ein Teil des damaligen Angebotes abgebildet ist. Bis zum Ersten Weltkrieg wurde immer noch vorwiegend die gleiche Ware geliefert wie Ende des 19. Jahrhunderts.

Erst 1922 erscheint dann ein vierseitiger Katalog in italienischer Sprache, bei dem die Preise jeweils eingesetzt werden können. Auf dem Titelblatt ist einiges Spielzeug abgebildet, z. T. schon deutlich im Stil verändert gegenüber der Ware vor dem Ersten Weltkrieg.

Kunden außerhalb Italiens wird bis in die dreißiger Jahre hinein immer weiter der Preiskatalog von 1890 zugeschickt, auf dem als Währung noch Gulden (fl.) und Kreuzer (kr.) angegeben sind. Nun wird handschriftlich auf den verschickten Katalogblättern vermerkt, welche Währung gerade abgerechnet würde, und mit wieviel Prozent Aufschlag. Verwirrend war besonders die Zeit von Weltwirtschaftskrise und Inflation, zumal ab 1892 die österreichische Währung auf Kronen und Heller umgestellt worden war. Ein Gulden à 60 Kreuzer war nun so viel wert, wie 1.75 Kronen — und dies mußte in italienischer Zeit noch in Lire umgerechnet werden.

Als letzter Katalog, der noch in die Zeit der Spielwaren-Heimindustrie fällt, gibt Insam & Prinoth ein bebildertes, kleinformatiges Heft ohne Beschreibung der Ware und ohne Preisangaben heraus. Der Text ist dreisprachig in italienisch, englisch und deutsch. Nach dem Warenangebot zu urteilen, stammt es aus den dreißiger Jahren. Es wird nun kein einziges Spielzeug mehr gezeigt, sondern nur Andenkenartikel und Halbgebrauchsgegenstände, als da u. a. sind: Korken und Korkenzieher mit geschnitzten Figuren (teilweise beweglich), musizierende Engel, Spieldosen mit verschiedenen Figuren, Brieföffner, Salatbestecke (alles mit Figuren), Serviettenringe, Halter für Kalender und für Thermometer, Buchstützen, Wetterhäuschen, geschnitzte Brotteller, hölzerne Vasen und Glocken (!), Dosen, Blumensteckerl, Figuren der verschiedensten Art — und das alles geschnitzt, bemalt, lackiert — genau so, wie es heute noch in Andenkengeschäften herumsteht.

Gröden beliefert auch weit entfernte Orte mit Andenkenartikeln. Es fand sich z. B. ein Hirsch mit der Aufschrift in Brandmalerei »Souvenir Habana«.

1927 bestellt eine Nürnberger Firma Spielwaren mit verschiedenen aufgemalten Ortsnamen.
Die ausführlichen Kataloge vor dem Ersten Weltkrieg unterscheiden sich in ihrem Angebot bei den einzelnen Verlegern nur unwesentlich voneinander. Da die Firmen mehr oder weniger bestimmte Absatzgebiete oder -länder bevorzugt beliefern, ist bei ihnen auch die Nachfrage verschieden. So liefern Firma Insam & Prinoth und Firma Gebr. Moroder z. B. vorzüglich nach England, Firma Demetz nach Frankreich, Vinzenz Senoner nach Italien, Firma Ferdinand Rifesser-Pigon hauptsächlich nach Böhmen (mdl. A. Adolf Senoner-Vastlé, Robert Moroder).
Ein Verleger aus Wolkenstein schreibt 1908 als Nachsatz zu seinem Katalog: *Außer hier angeführten Artikeln erzeuge ich alle Art Spielwaren und erlaube mir zu bemerken, daß ich in der Lage bin, dieses billigst zu besorgen* (Johann Nep. Demetz); dies bedeutet: Der Grödner Verleger hielt nur diejenige Ware am Lager, nach der es für gewöhnlich Nachfrage bei ihm gab. Die sonstigen in Gröden hergestellten Artikel besorgte er im Tal von Fall zu Fall.
So ist das Warenangebot in den einzelnen Katalogen keineswegs als vollständiges Lieferprogramm für die gesamte Grödner Heimindustrie anzusehen.
1875 schreibt die bereits genannte Engländerin Margarit Howitt über die Vorliebe einzelner Völker für ein bestimmtes (Grödner) Spielzeug: *In Italien, wo Fahren so viel angenehmer ist, als zu Fuß gehen, wünscht sich die Jugend kleine Karren und Wägelchen, die obendrein bunt bemalt sein müssen, denn Jungitalien liebt leuchtende Farben. Die belgischen Kinder wünschen sich stämmige Bauernpferde. Kleinungarn und Österreichern steht der Sinn nach tänzelnden Streitrossen. Und das Preußenkind! Was mag es wollen? Im Augenblick lacht es Tränen über einen kleinen, dummen Mönch, der unbedingt beten muß, während ein anderer dummer, kleiner Mönch sich beim Läuten der Klosterglokke zu Tode erschöpft. Die frommen Grödner sind entzückt über den Wunsch der Preußenkinder nach einem so erbaulichen Spielzeug. Im Glauben, daß darüber gebetet und nicht gelacht wird, liefern sie es mit der gleichen Inbrunst, wie die Kruzifixe für die älteren Kinder in Frankreich, Bayern und Tirol* (S. 776).
Wie viele Muster wirklich gleichzeitig in Gröden zu den verschiedenen Zeiten hergestellt wurden, läßt sich nicht feststellen, da sich relativ wenig Preislisten, Kataloge und Musterbücher erhalten haben. An Zahlenangaben liegen vor für das Jahr 1890 — zweihundertfünfzig bzw. an anderer Stelle 500 verschiedene Muster. Für das Jahr 1901 sind es *über 300* Muster.
In dem schon erwähnten Katalog aus Wolkenstein des Jahres 1908 (es ist dies keiner der ganz großen Grödner Verleger) sind allein 210 verschiedene Spielsachen aufgeführt, jede Nummer in verschiedenen Größen.
Im allgemeinen werden Tiere angeboten in Größen von 1—24 Zoll (1 Wiener Zoll = 2,6 cm). Bei Puppen gibt es daneben noch die Größen ½ und ¾ Zoll; Tiere werden bis zu einer Kopfhöhe von 1,20 m hergestellt.

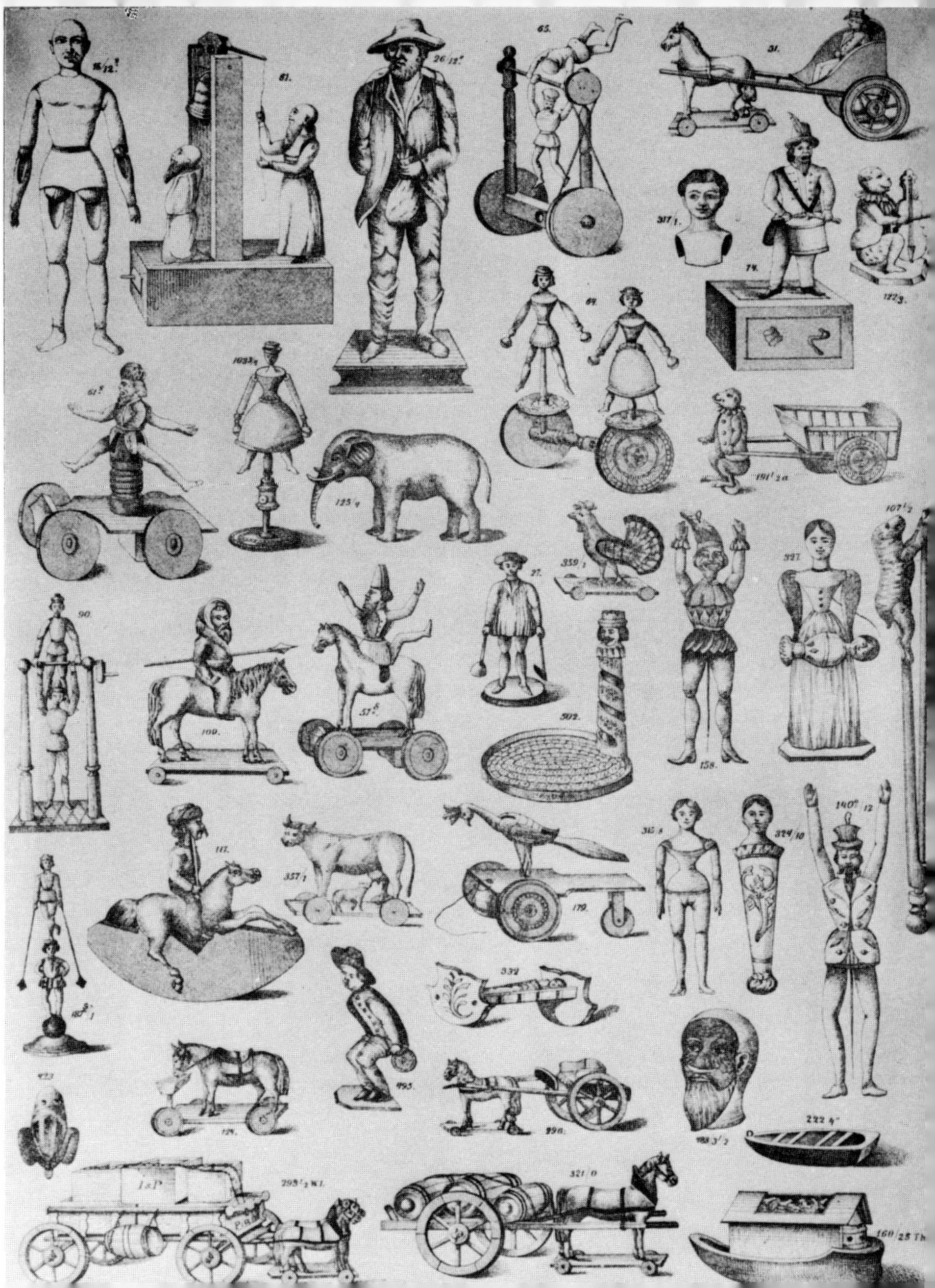

„Preis-Courant über geschnitzte Holzwaaren von Insam & Prinoth in Groeden (Tirol) 1888 (1890)"
23,5 x 32 cm
Letzte Seite einer dreiblättrigen Preisliste
Sammlung Stäblein
Foto: Isarfoto, Icking

Entwicklung und Herstellung verschiedenen Spielzeugs

Es wird geschnitzt von der »ordinärsten bis zur feinsten Art« wobei die allereinfachste — »ordinäre« Ware überwiegt. Die »besseren« Sachen werden nur in verhältnismäßig kleinen Mengen produziert.
Anfangs bringen Kraxenträger, also die ersten Händler, die Muster aus den anderen traditionellen Produktionsgebieten für Holzspielzeug ins Tal. Später sind es die Verleger, die durch Reisen oder Messen oder wohl auch durch Anfragen auf ein bestimmtes Stück aufmerksam gemacht, Spielzeugmuster nach Gröden bringen und nachschnitzen lassen.
1820 wird beschrieben, wie der Grödner Spielzeugschnitzer ohne weitere Anleitung zusehen muß, seine Fertigkeit zu verbessern: *Fünfzig Jahre sind bereits seit dem Entstehen dieses Industriezweiges verflossen, während welcher auch die Produzenten bemerkbare Fortschritte in ihrer Kunst machten; doch sind die Mittel ihrer Bildung nur auf das Selbst-Studium und Nachahmen bildlicher Darstellungen, welche ihnen von ihren außer Landes sich aufhaltenden Landsleuten eingesendet wurden, beschränkt* (Tiroler Bote, »Kunstfleiß und Handel . . .«).
1833 wird schon davon gesprochen, *daß die Ausgewanderten . . . nach erlangtem Wohlstande in ihr gesundes Thal mit reichen Erfahrungen zurückkehren, wo sie auch den Daheimgebliebenen . . . Anregung verschaffen* (Julius Krone, S. 156).
Und 1864 wird geklagt: *Leider fehlt es von seiten der Verleger an Aneiferung, mit Ausnahme des Herrn Burger, welcher neue gutgearbeitete Stücke aus anderen Gegenden und Ländern als Muster zur Nachahmung den Arbeitern austheilet* (J. A. Vian, S. 36).
Auf der anderen Seite beklagen sich die Verleger, was für eine Mühe es koste, Arbeiter dazu zu bringen, ein Muster zu kopieren und einen neuen Artikel in ihre Produktion aufzunehmen.
Es ist interessant zu sehen, wie dabei doch immer wieder »in Grödner Manier« geschnitzt wird — fast könnte man von einem eigenen Stil sprechen, der sich übers Ganze gesehen deutlich von der Art auswärtiger Arbeiten unterscheidet.
1807 werden einige in Gröden geschnitzte Spielsachen aufgezählt: *Figuren von Menschen und Thieren . . . Hunde, Budel, Pferde, Löwen usw.* (Josef Steiner, S. 14 f.).
1823 wird davon gesprochen, *daß fast alles . . . was hier verfertigt wird, nur gemeine Waare sei* (Stephan, Edler von Keeß, »Beschreibung der Fabricate . . .« S. 142).
Und 1829: *Gewöhnlich liefern die Grödner nur gemeine Schnitzwaaren, meistens Spielwerkzeuge für Kinder . . . wovon manche auch beweglich sind* (Tiroler Bote, »Über die Holzschnitzereiwaren von Gröden«).
In einem Reisebericht von 1835 wird dann schon einzelnes Spielzeug aufgeführt. Es handelt sich dabei um die Ware, die ein Grödner Hausierer auf den Märkten zum Verkauf anbietet. Ob es sich allein um Grödner Spielzeug handelt, oder auch um Artikel, mit denen er unterwegs sein Angebot ergänzt

hatte, läßt sich nicht sagen. Da gibt es kleine hölzerne Dörfer, deren Häuschen weiß gemalt sind mit bunten Türen und roten Dächern; da werden angeboten Roß und Reiter, Hampelmann und König, die »Dame ohne Füße mit der dünnen Taille«, Nußknacker, Stehaufmännchen, »zwerghafte Thiere«, Spieluhren und »künstliche, bandförmige Schlangen, die sich in der Hand winden«. Und aus Gröden selbst wird erzählt: *Im niedrigen, holzgetäfelten Zimmer saßen einige alte Weiber und Männer am Tische, hatten Stücke Holz in der Hand und schnitten daran behend und flink herum. Eine muntere Alte ergriff ein frisches Stück und sagte, sie wolle in unserer Gegenwart einen Fuchs schneiden, eine andere erbot sich zu einem Wolf, ein Mann zu einem Tyroler, und eine Vierte zu einem tabakrauchenden Holländer. Es war bewundernswerth, wie kühn sie mit ihren Instrumenten zu schneiden begannen, wie sicher sie dann weiter formten, und wie schnell die Umrisse sich zeigten, sie versicherten nie ein Stück Holz zu verschneiden, wohl aber zeigten sie ihre Hände und Finger voll Narben, und sprachen davon, daß sich mehrere von ihnen schon verstümmelt haben, und daß dieß sehr leicht geschehen könne* (August Lewald, S. 164 f.).

1846 wird für Grödens Spielzeugproduktion angegeben, sie erzeuge *meist Thierstücke, 2—6 Zoll lang, nicht ungefälligen Aussehens, jedoch ohne Kunstwerth . . . Kleine Figuren aller Art, meistens Karikaturen, welche aus dem feinfaserigen, biegsamen Holze des Zirbelnuß-Baumes geschnitten werden. Da der Einzelne immer nur dieselben Gegenstände bearbeitet, so erringt er eine erstaunliche Fertigkeit, und in wenigen Minuten wird ein Holzstückchen unter seinen Händen zum Lamm, Hund, Löwen und dergl. Der frequenteste Artikel dieses Spielzeuges ist die gegliederte Docke* (Johann Jakob Staffler, S. 353 und 1013 f.).

Ein Verleger erinnert sich, daß in St. Ulrich eine Familie nur Boote jeder Größe, mit oder ohne Segel, herstellte (mdl. A. Adolf Senoner-Vastlé). Im Jahre 1877 soll im ganzen Tal nur eine Familie Boote geschnitzt haben. Mann und Frau konnten täglich 25 Dutzend der einfachen Sorte oder 11 Dutzend mit Segeln herstellen.

Drei bis vier Familien schnitzten lediglich Vierzollpferdchen. Bei größeren Pferden, die weniger gefragt waren, mußten Schnitzerfamilien auch mehrere Größen beherrschen.

Zwei kuriose Artikel werden 1875 beschrieben. Es ist erstens eine Pfeife in Form einer Taube, die in einem Boot sitzt; und zweitens *halb Pferd, halb Fahrrad, durch eine Anregung aus Paris entstanden. Ein vollkommen geformtes Pferd, bemerkenswert ob der Beweglichkeit seiner Zunge und seiner Augen* (Margarit Howitt, S. 773).

Es scheint zumindest seit den vierziger Jahren des vorigen Jahrhunderts bis zum Ersten Weltkrieg die Grödner Gliederpuppe, »Dutch Doll« genannt, Hauptartikel der Produktion gewesen zu sein. An zweiter Stelle kommen Pferde und andere Tiere, danach Puppenköpfe und die verschiedensten Wagen.

Gaukler, bewegliche Sachen und die übrige Ware sind nur Nebenartikel, obgleich sie vor dem Ersten Weltkrieg auch schon in Massen gefertigt wurden.

Es gibt aus der Zeit um die Jahrhundertwende eine Ordnung der Produktion in Prozentzahlen, bei der Pferde mit 25 Prozent als Hauptartikel genannt sind. Danach sollen andere Tiere mit 20 Prozent hergestellt worden sein, und erst mit einem Anteil von 19 Prozent Puppen sowie Wägen mit 6 Prozent, fahrende und bewegliche Spielsachen mit den restlichen 19 Prozent. Doch hat die Annahme, Puppen wären der Hauptartikel der Grödner Heimindustrie gewesen, mehr Wahrscheinlichkeit für sich, schon allein deshalb, weil es sich hier um in der Hauptsache gedrechselte, also schnell zu fertigende Ware handelt.

'Die Heimindustrien in Sonneberg, Oberammergau und Gröden machen sich gegenseitig das Verdienst streitig, um das Jahr 1800 die einfache Holz-Gelenkdocke »erfunden« zu haben. Einfache Steckgelenke sind schon früh bekannt gewesen. Nicht nur Griechen und Römer, sondern auch die Ägypter (nachgewiesen an Puppen um 1900 v. Chr. oder an Statuen, z. B. »Scheich el Beled«, 2560 v. Chr.) kannten diese Art Gelenkkonstruktion. Erhalten haben sich in der Hauptsache Terrakottapüppchen mit Steckgelenken, doch findet sich im »Museo Capitolini« in Rom sogar ein Holzpüppchen aus dem ersten nachchristlichen Jahrhundert mit solchen Gelenken.

Da um die Wende vom 18. zum 19. Jahrhundert in Gröden noch keine Drechselbänke bei der Spielwarenherstellung eingesetzt wurden, und da es sich bei dieser Art Holzpuppen um eine reine Drechselform handelt, könnte man meinen, die genannten Heimindustrien in Sonneberg und Oberammergau hätten als erste den Versuch unternommen, solche Docken herzustellen, und die Grödner Schnitzer hätten zwischen 1800 und 1820 erst einmal versucht, diese gedrechselten Puppen mit dem Messer nachzuschnitzen. Tatsächlich ist bei gedrechselten Grödner Puppen, bei feinerer Ware, manchmal — noch bis ins letzte Viertel des 19. Jahrhunderts hinein — der ganze Puppenkörper überschnitzt, so daß schon ein genaueres Hinsehen nötig ist, um zu erkennen, daß es sich hier um Drechselware handelt.

1846 — man kann fast von einem zeitgenössischen Bericht sprechen — wird die *vor etwa 50 Jahren erstmals versuchte gegliederte Docke* erwähnt. *Dieselbe wurde anfänglich ganz mit freier Hand geschnitten* (Johann Jakob Staffler, S. 1014).

Ungefähr ab 1820 werden dann, wie bereits beschrieben, Drechselbänke im Tal eingeführt, auf denen hauptsächlich Puppen gedrechselt werden.

Um 1846 werden dann bereits *viele tausend Dutzend verschiedener Größen . . . vorzüglich nach Frankreich und England verkauft.* Da heißt es weiter: *Die große commerzielle Krisis in England vom Jahre 1837, welche auf den Handel im Allgemeinen so nachtheilig wirkte, blieb auch nicht ohne Einfluß auf Gröden; sie gab den Impuls, daß die Gliederpuppen der Grödner eine gefälligere Façon und fleißigere Bearbeitung erhielten, und dies hatte zur Folge, daß der Absatz derselben nun selbst bedeutend zunahm. Da weder im In- noch Auslande ähnliche Schnitzwaaren erzeugt werden, so hat Gröden auch keine Conkurrenz zu bestehen; denn Ammergau in Baiern, wo solcher Industriezweig fast gleichzeitig, wie in Gröden aufzublühen begann, liefert nun ganz andere Artikel und diese nur in beschränktem Maße* (Johann Jakob Staffler, S. 1014). Noch 1816 wurde aus Oberammergau über einen »ansehnlichen« Oberammergauer Verlag geschrieben, *der meißtens mit Gliederdocken nach Nürnberg und Königsberg* handelte (Oberammergau, »Führer durch das ... Museum«, S. 9).

Woher der Name »Dutch Dolls« für Puppen aus Gröden stammt, neben den in England gebräuchlichen Bezeichnungen wie Plain Bettys, Gretchens, Penny- oder Farthningdolls, Wooden Tops, Plain Janes, Peg wood dolls, usw., kann nur vermutet werden.

Die für England, das Hauptabnahmeland für Puppen bestimmte Grödner Ware wurde über Holland verschickt, und es ist wahrscheinlich, daß die Puppen aus diesem Grunde »Dutch Dolls«, also holländische Puppen, genannt wurden. Zumindest scheint dies die einfachste und daher auch einleuchtendste Erklärung für diesen mißverständlichen Namen. Vielfach wird auch heute noch bei Übersetzungen aus dem Englischen die Bezeichnung Dutch Doll nicht als Eigenname mit übertragen, sondern in dem Sinne übersetzt, als handle es sich um eine Puppe aus Holland.

Es fanden sich in Gröden gedruckte Aufkleber mit der Aufschrift »Dutch Dolls made in Germany«. Wann diese benutzt wurden, konnte nicht geklärt werden. Jedenfalls mag zu der Zeit der Begriff »Made in Germany« bereits einen hohen Stellenwert besessen haben.

Eine Datierung der Grödner Puppen ist äußerst schwierig, da notwendige Unterlagen fehlen und die einzelnen Muster auch über längere Zeit hin geliefert wurden.

Dem Bericht von 1846 sind für Datierungsversuche zwei wichtige Hinweise zu entnehmen: Bis ca. 1820 wurden Grödens Puppen noch mit der Hand geschnitzt, und ab den dreißiger und vierziger Jahren des vorigen Jahrhunderts wurden neben der gewöhnlichen Ware auch fein ausgeschnitzte Puppen geliefert. Diese Holzdocken — der Ausdruck ist heute nicht mehr gebräuchlich und kommt vom altgermanischen »Tocha« — konnten sehr verschieden aussehen. Sie wurden, zumindest ab 1846, in den Größen ½—24 Zoll hergestellt. Sie als Grödner Puppen zu identifizieren ist schwierig; Karl Gröber meint: *Manchmal findet man im Ausland Puppen derselben Art, deren Gesichter aber verändert sind und erzählen, daß sie im Gastland nachgeschnitzt sind* (»Kinderspielzeug ...« S. 43).

Bis zum heutigen Tage scheint die Form der Grödner Gliederpuppe Drechsler zur Nachahmung herauszufordern. So gab es z. B. 1978 in München »Dockele, handgedrechselt, nach altem Muster« zu kaufen, wobei es sich um angekleidete Holzpuppen auf einer Art Gestell handelte. Der typische Dutch-Doll-Kopf war ohne Grundierung mit modernen Farben bemalt, was auch noch den letzten Rest an Charme zerstörte.

In heutigen Veröffentlichungen werden oft Dutch Dolls als Spezialität eines bestimmten Gebietes oder Ortes gezeigt. Aufs Haar genau die gleichen Puppen finden sich in Gröden wieder, so daß es sich eigentlich auch nur um Puppen handeln kann, die in Gröden angefertigt wurden. Hier wurden sie durch ein Jahrhundert in solchen Mengen und zu so niedrigen Preisen hergestellt, daß es sich nicht gelohnt hätte, sie woanders zu imitieren.
Wo auch immer die ersten Puppen dieser Art angefertigt worden sind, Gröden wird zu der Heimindustrie, in der sie als Hauptartikel produziert wurden.
Eine kurze Aufzählung von Merkmalen der Dutch Dolls soll zusätzlich zu den Abbildungen ein Erkennen erleichtern:
Angefangen sei bei den Frisuren mit seitlich angeklebten »Locken« und mit einem Haarknoten am Hinterkopf oder mit verschiedenen anderen Formen der Haartracht des Biedermeier — immer alles geschnitzt bzw. angeklebt oder mit gedrechselten Köpfen und mit kleinem gelben Steckkamm und winzigen Ohrgehängen bei den »besseren« Puppen —, die bis hin zu den Typen mit fein ausgemalten grauen Löckchen um das Gesicht und schwarzgemalten Haarboden gehen. Dann zu der »ordinären« Ware mit schwarzgemaltem Haar; vorne sind durch einen breiten Pinselstrich mit grauer Farbe die Lokken angedeutet, oder diese graue Verzierung fehlt sogar. Spitze, eingesetzte Holznäschen — nicht selten wurde dafür einfach ein kleines Stöckchen hergenommen — vollenden das »Gesicht«, oder die Näschen sind gar nicht einmal eingesetzt.
Auch Arme und Beine waren unterschiedlich, je nachdem es sich um feine oder einfache Ware handelte. Neben feingedrechselten Gliedern, deren Hände überschnitzt wurden und bei denen die Füße angesetzt waren, gab es die einfachen — wie schon beschrieben — auf der »Bank da druke ju« angefertigten und mit wenigen Schnitten in Form gebrachten Arme und Beine. Die Formen der Hände reichen von der feinen Fischschwanzhand bis zur einfachsten Schaufelhand. Die Füße wurden angeschnitzt oder mit groben Schnitten angedeutet. Bei einem Teil der kleineren Püppchen ist über dem Fuß einfach ein halbrundes Stück mit dem Schnitt eines Hohleisens ausgeschnitten, so daß das Überschnitzen eingespart werden konnte.
Bei der Bemalung der Gliedmaßen wurden Unterarme und Unterschenkel mit weißer Grundierung angestrichen und bei feiner Ware danach lackiert (Die Grundierung ist weder wasser- noch abriebfest). Die Schuhe wurden in jeder erdenklichen Farbe gemalt. Es trifft nicht zu, daß Grödner Puppen an ihren roten Schuhen zu erkennen seien. Kopf-, Schulter- bzw. Brustpartie sind grundiert und leicht getönt gemalt und überlackiert. Der übrige Körper blieb unbemalt, sowohl bei der ordinären als auch bei der feinen Ware. Die Bemalung des Gesichtes ist ebenfalls in ihrer Qualität der übrigen Puppe angepaßt. Zu den zartrosa Bäckchen und dem roten Mund kommen blaue Augen mit schwarzer Pupille, Lidstrich und Augenbraue. Die einfachsten Puppen haben als Augen nur einen aufgemalten schwarzen Punkt.

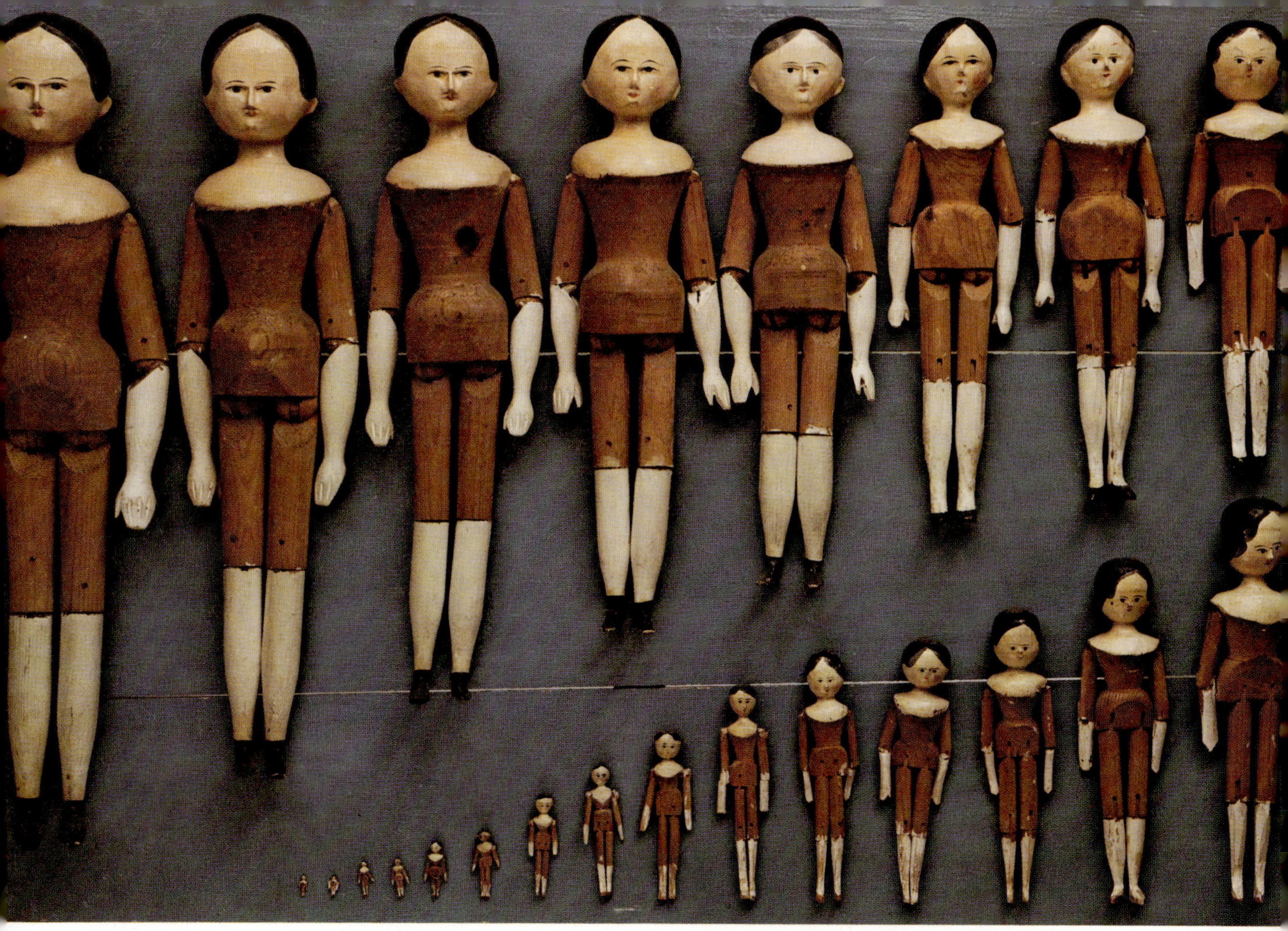

Puppenserie
h = 1,4–64 cm (1/2–24 Zoll). Hergestellt bis 1914. Die kleinsten Püppchen ca. bis 1930. Heimatmuseum St. Ulrich   Foto: R. Moroder

Englische Pedlardoll
h = 26 cm
Puppe aus Gröden
Eingekleidet 1841
Sammlung Rosemann; Puppenmuseum Wilhelmsbad
Foto: Sessner/Dachau

Beim Zusammensetzen von Puppen in einer Grödner Stube Foto: Holzknecht

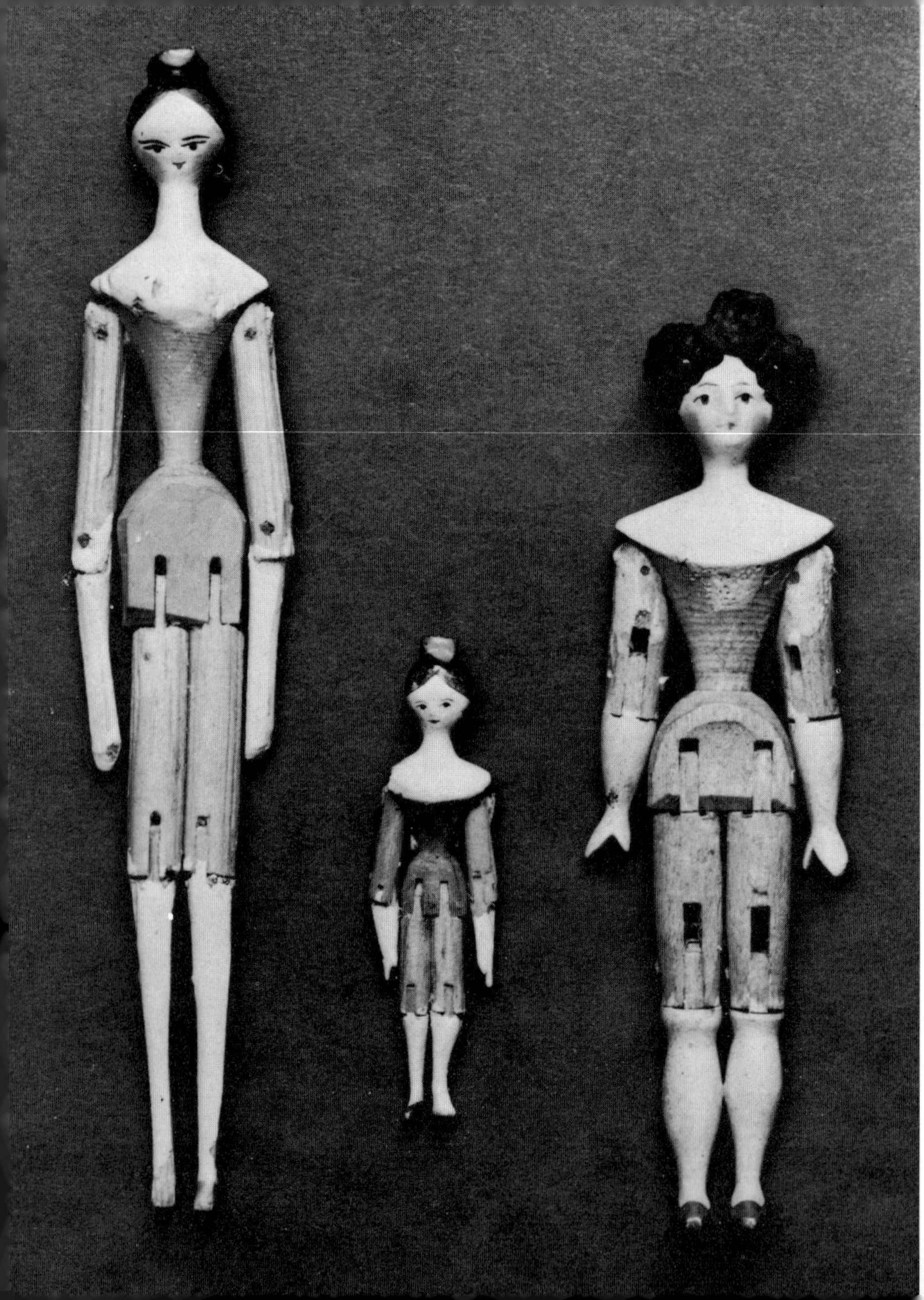

Puppen mit gelbem Steckkamm und Ohrgehängen bzw. mit Biedermeierfrisur
h = 6, 14 und 11,5 cm
Hergestellt ca. 1840–1880
Heimatmuseum St. Ulrich
Foto: R. Moroder

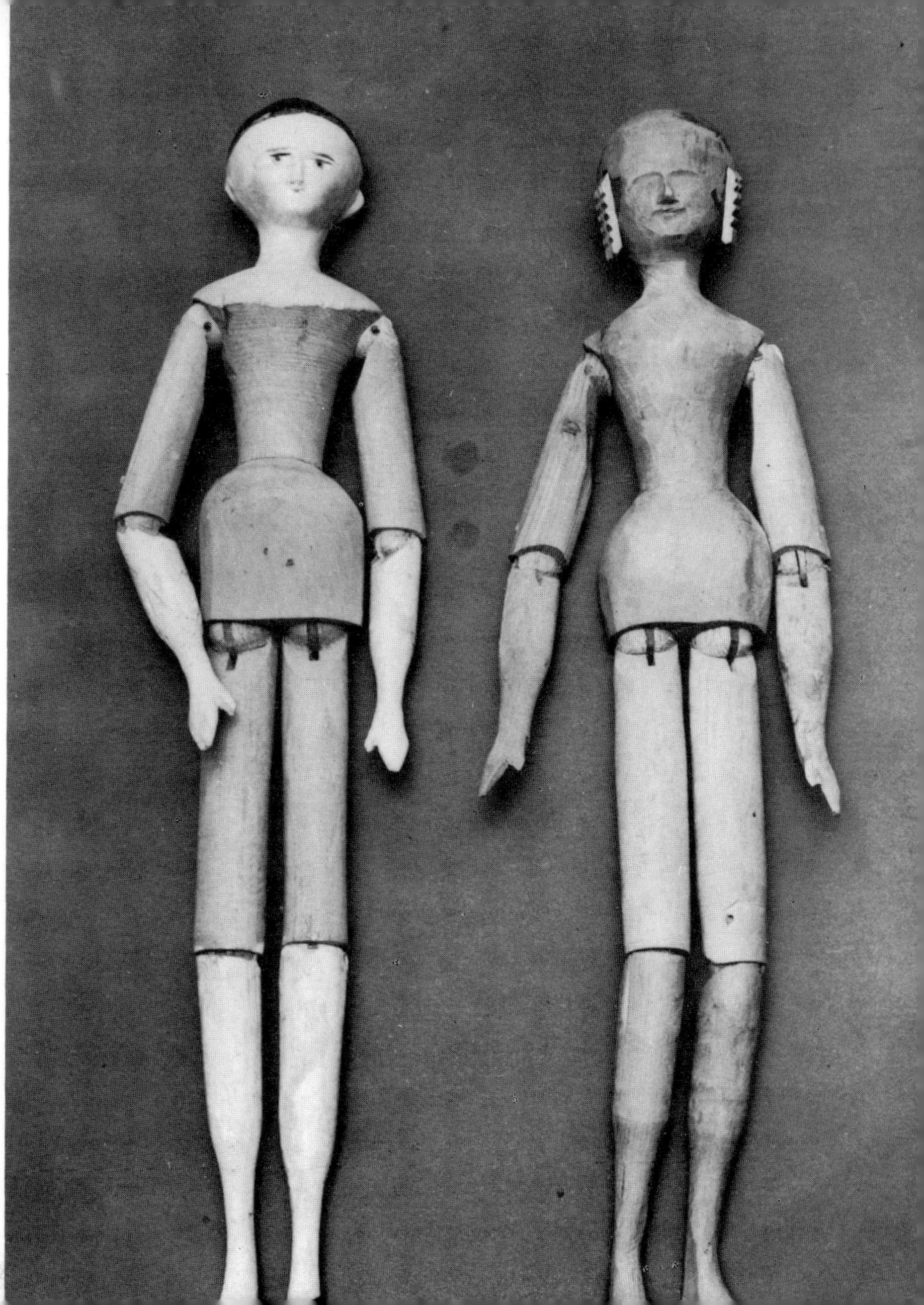

2 Puppen
h = 42 cm
Die unbemalte Puppe mit Seitenzöpfen und Haarknoten am Hinterkopf ist vollkommen überschnitzt.
Hergestellt ca. zwischen 1860 und 1890
Heimatmuseum St. Ulrich
Foto: R. Moroder

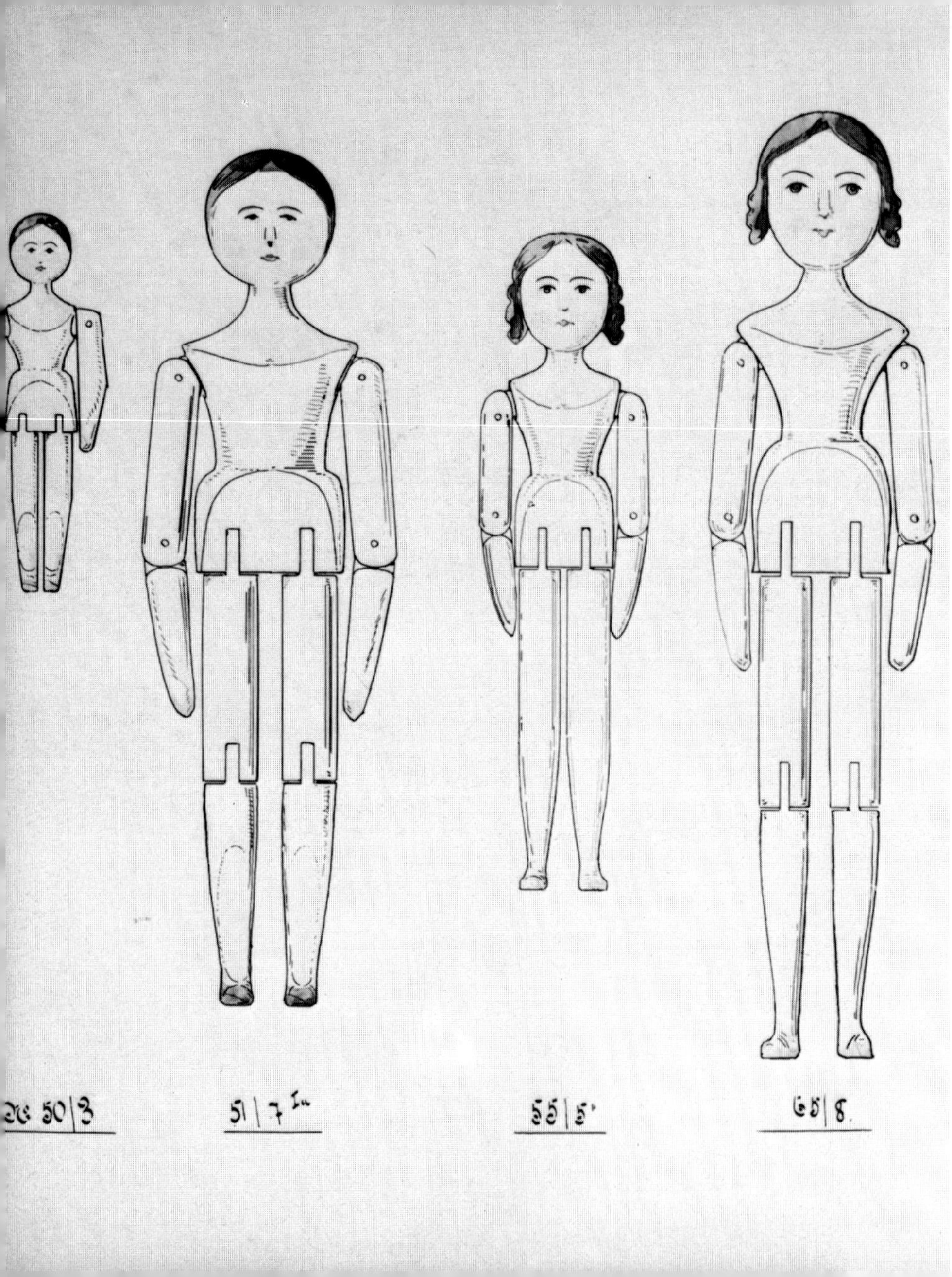

Seite mit Puppen aus dem „Album Gebrüder Moroder.
St. Ulrich, Gröden"
Handgezeichnetes und koloriertes Musterbuch ca. von 1900.
Seite 33 x 30,5 cm
Größte Puppe: h = 21 cm
Sammlung R. Moroder
Foto: R. Moroder

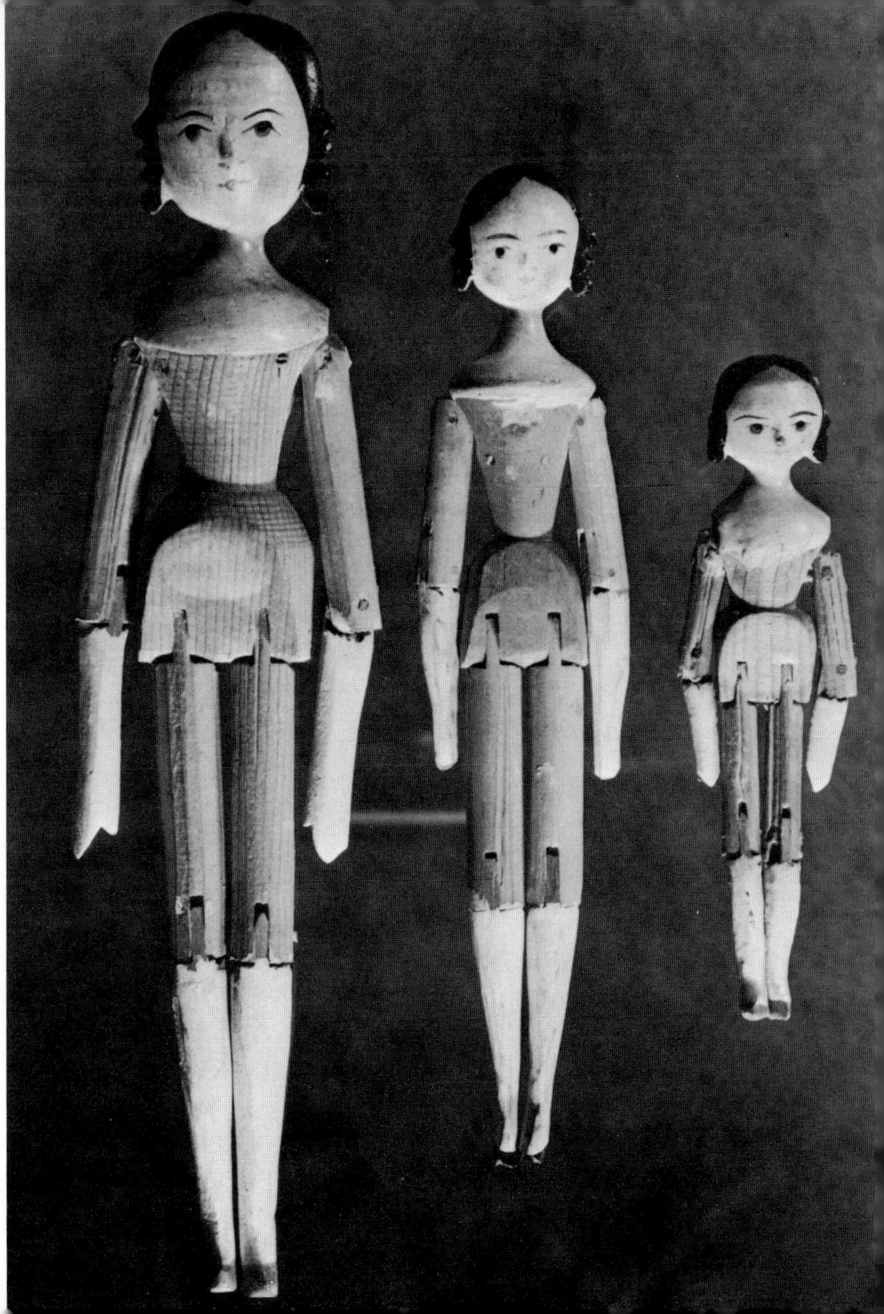

„Bessere Puppen"
h = 8,5−17 cm
Hergestellt noch bis 1914
Heimatmuseum St. Ulrich
Foto: R. Moroder

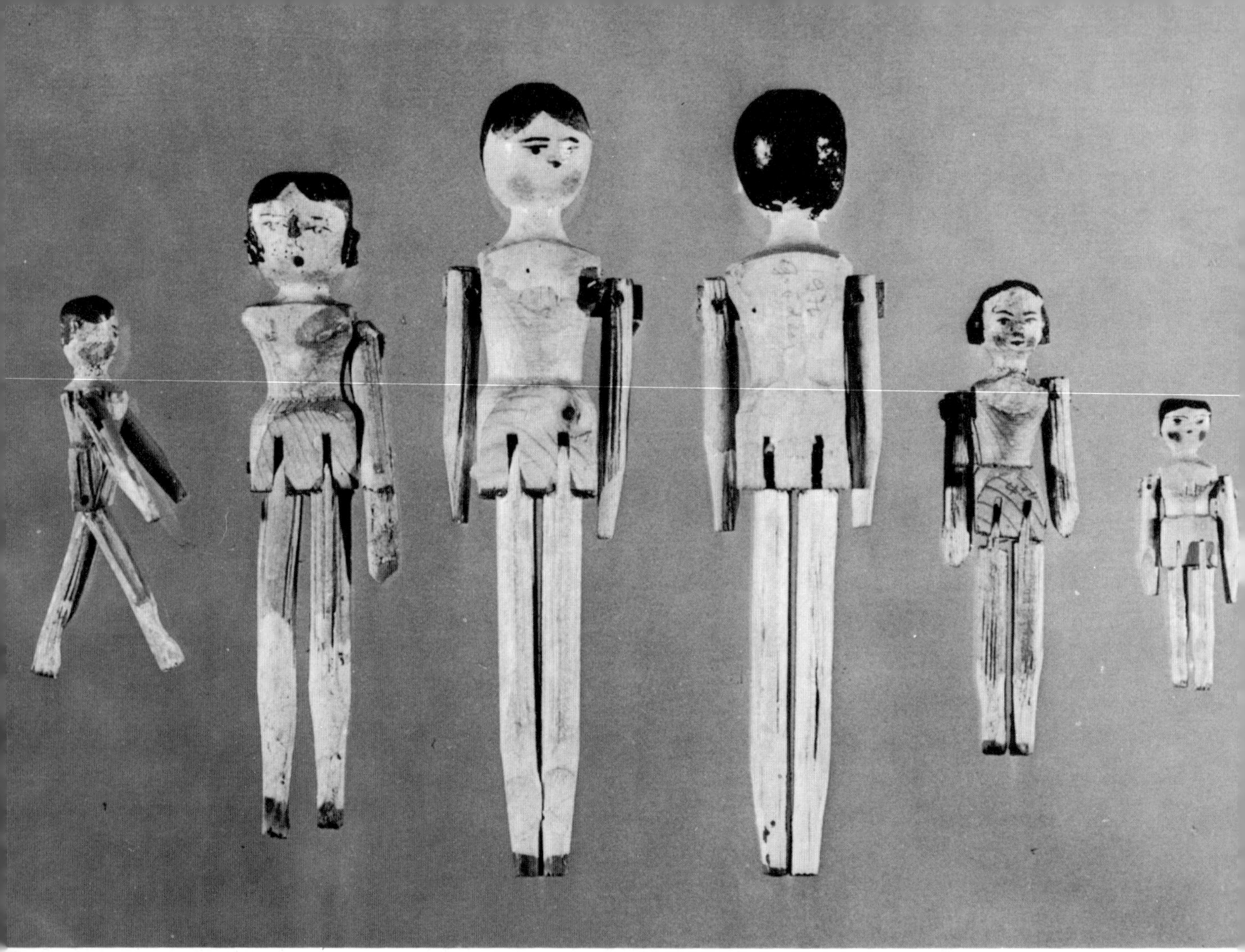

Verschiedene „Dutch Dolls".
Ordinäre Ware. h = 4,5–17 cm. Hergestellt bis 1914. Sammlung Stäblein
Foto: S. Stäblein

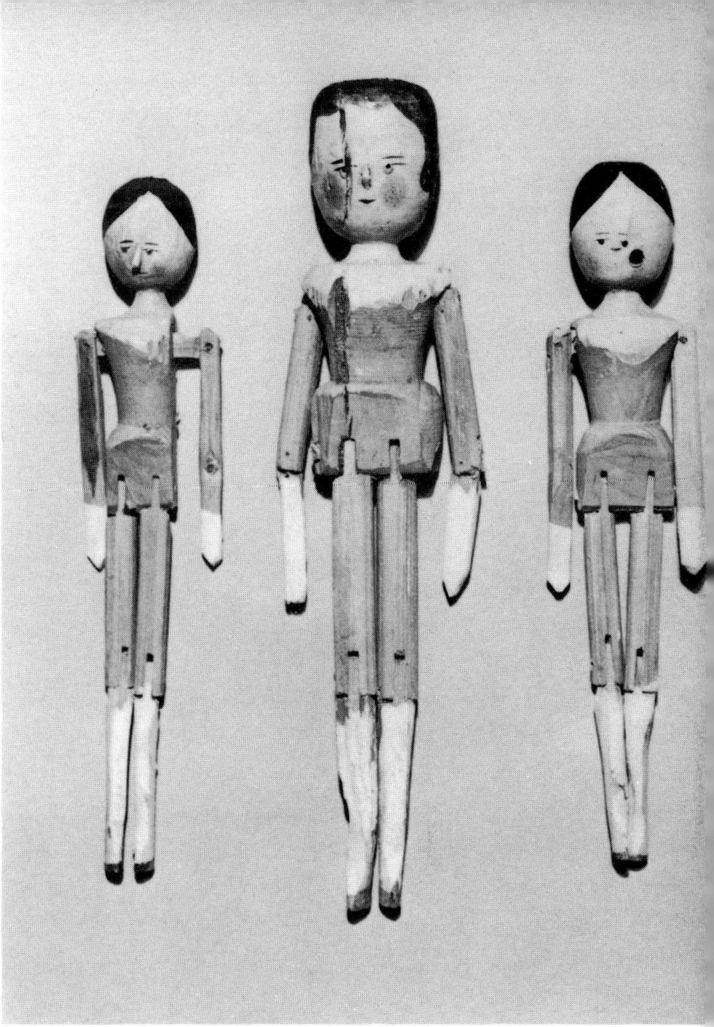

„Dutch Dolls", ordinäre Ware
h = 25–30 cm
Auch defekte Puppen wurden bemalt und verkauft.
Hergestellt bis 1914
Sammlung Stäblein
Foto: S. Stäblein

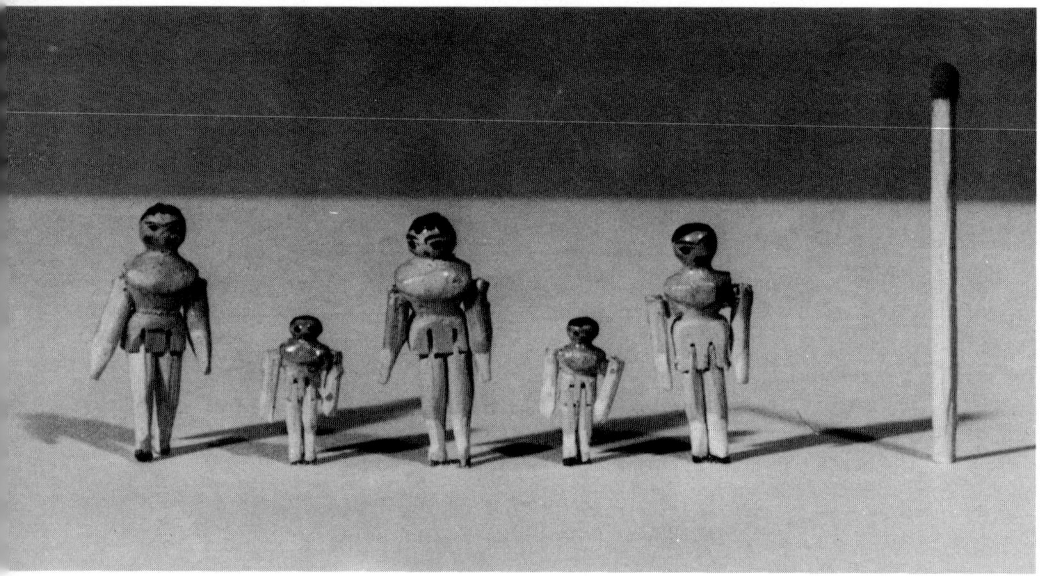

„Kleinste Püppchen der Welt"
h = 1,5–2,8 cm. Hergestellt ca. bis 1930. Sammlung Stäblein
Foto: S. Stäblein

Puppenköpfe mit Oberkörper
h = 18, 13,5 und 11 cm
Hergestellt zwischen 1850 u. 1914
Heimatmuseum St. Ulrich
Foto: R. Moroder

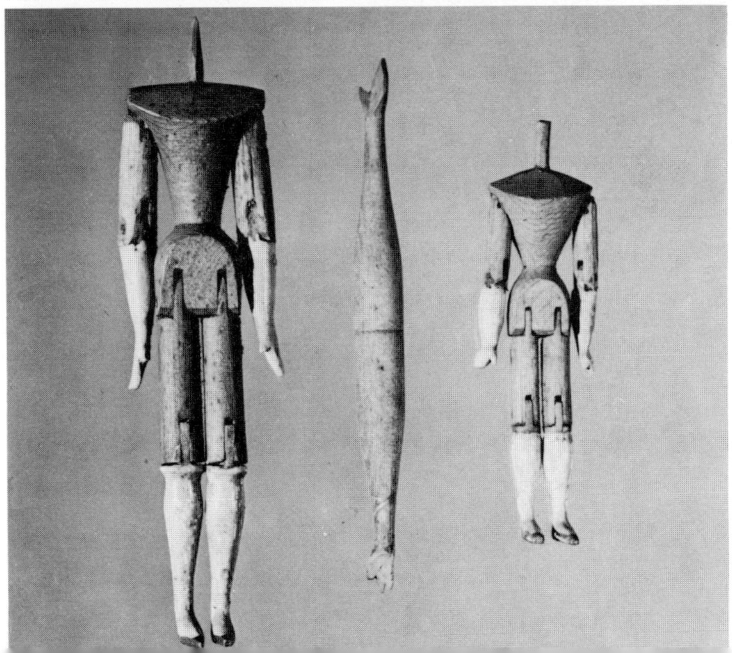

„Dockenleiber" und 2 Arme
Höhe der Dockenleiber 12–18 cm
Länge der Arme 15,5 cm
Die Arme sind noch ungetrennt
in einem Stück.
Hergestellt ca. bis 1914
Sammlung Stäblein
Foto: S. Stäblein

„Damenkopf"
h = 17 cm
Hergestellt im 19. Jahrhundert
Heimatmuseum St. Ulrich
Foto: R. Moroder

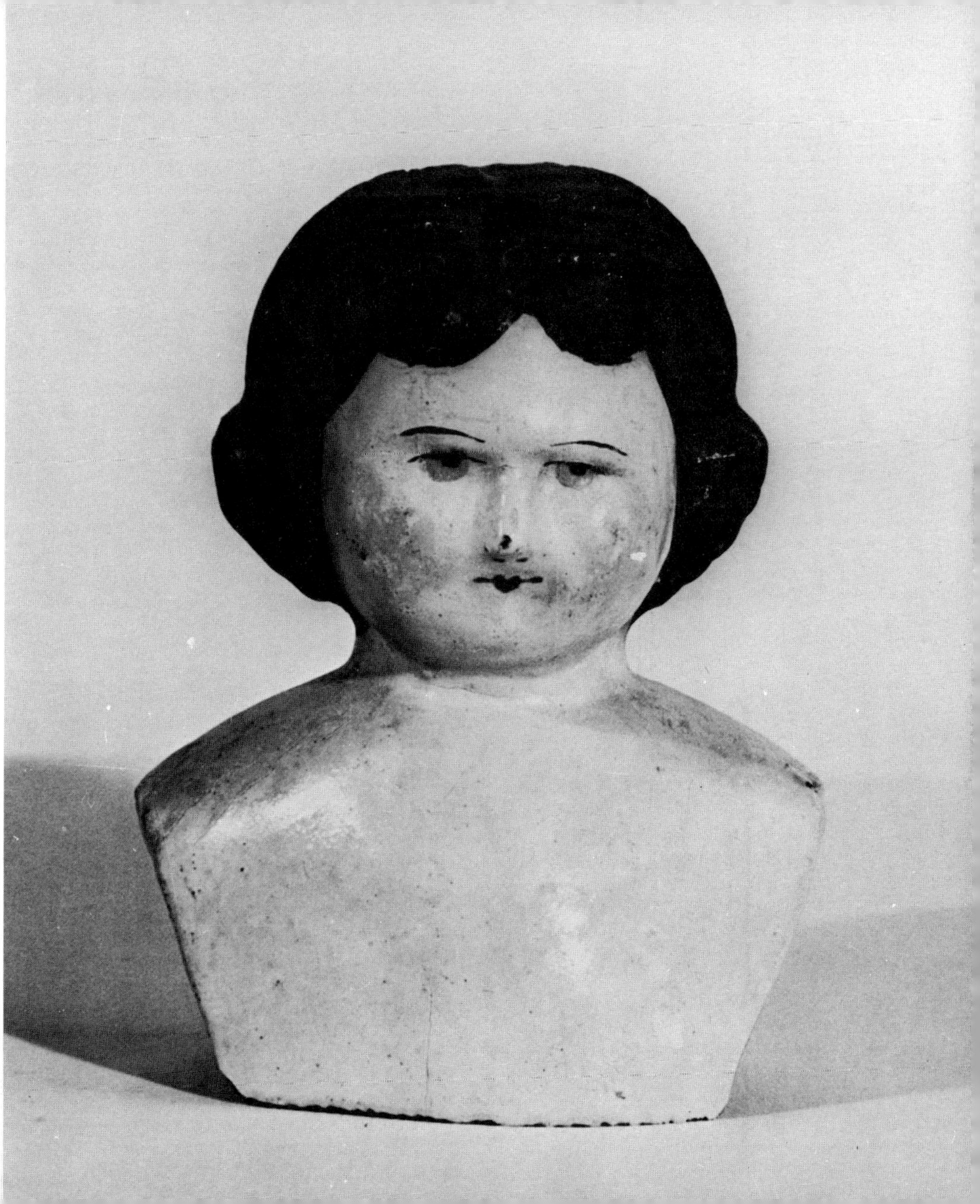

„Damenkopf"
h = 9,5 cm
Hergestellt um 1914
Sammlung Stäblein
Foto: S. Stäblein

Verschiedene „Damenköpfe"
Hergestellt vor 1914. Aufnahme um 1930 Foto: Johann Senoner-Vastlé

„Damenköpfe"
h = 10,5–19 cm
Hergestellt bis 1914
Sammlung Stäblein
Foto: S. Stäblein

„Damenkopf"
h = 16,5 cm
Bemalung mit Porzellaneffekt
Hergestellt Ende 19. Jh.
Heimatmuseum St. Ulrich
Foto: R. Moroder.

Übrigens wurden, wie auch in anderen Heimindustrien, Arme und Beine zum Anbringen an beliebige Puppenkörper einzeln angeboten, passend zu den Grödner Holz-Puppenköpfen, den sog. »Damen«- bzw. »Knabenköpfen«.

»Dockenleiber« zum Komplettieren mit Porzellan-, »Masse«- (eine Art Papiermaché) u. a. Puppenköpfen wurden ebenfalls in Gröden hergestellt. Angeboten werden auch Ganzlederpuppen, an deren Herstellung sich aber niemand im Tal mehr erinnern wollte, während Halbleder- oder Halbleinwandpuppen, deren Arme mit Lederstückchen am Körper angebracht waren und deren Beine an einer Art Leder bzw. Leinwandbandage um die Hüften befestigt wurden, noch in der Erinnerung einiger Grödner waren (mdl. A. Adolf Senoner-Vastlé).

Die ineinandergesteckten Gelenke, die durch einen Holzstift gehalten werden, waren für größere Puppen zu wenig stabil. Sie wurden, zumindest in unserem Jahrhundert, ab einer Puppengröße von 38 cm durch Kugelgelenke — ebenfalls aus Holz — ersetzt. Ab wann in Gröden überhaupt Kugelgelenke hergestellt worden sind, ließ sich bisher nicht feststellen. Ebenso bleibt noch ungeklärt, bei welchen Puppengrößen im vorigen Jahrhundert Kugelgelenke eingearbeitet worden sind.

Erstaunlich sind die Steckgelenke bei der sog. »Kleinsten Puppe der Welt« — der Dutch Doll von nur ½, ¾ und 1 Zoll. Während bei den beiden allerkleinsten Püppchen die winzigen Arme nur gemeinsam bewegt werden können, hat die dritte Größe bereits einzeln in den Schultern bewegliche Arme, die sowohl gehoben und gesenkt wie auch gedreht werden können.

Als letzter, der solche Püppchen anfertigte, arbeitete der Bauer Josef Nocker-Sabedin, der im Alter von über 90 Jahren 1942 verstarb. Es ist kaum vorstellbar, wie ein Bauer so feine Arbeiten ausführen konnte. Es gibt eine Fotografie (leider ist sie zu schlecht, um hier reproduziert zu werden), die ihn vor seiner kleinen Tisch-Drechselbank beim Drechseln der winzigen Püppchen zeigt (mdl. A. Robert Moroder). Beim Arbeiten trug er eine Brille mit Lupengläsern und verwendete angeschliffene Nähnadeln, um die feinen Bohrungen für die Gelenke durchzuführen (mdl. A. Vinzenz Insam-Neuhaus). Da er bestimmt in den letzten Jahren seines Lebens keine Püppchen mehr drechseln und zusammenstellen konnte, darf gesagt werden, daß diese allerkleinsten Größen höchstens bis zu den dreißiger Jahren unseres Jahrhunderts in Gröden hergestellt wurden (mdl. A. Adolf Senoner-Vastlé).

Die Malerarbeiten für diese Püppchen führte Frau Marianne Senoner-Fussel als Letzte aus. Sie erhielt für diese komplizierte Arbeit pro Dutzend Püppchen fünf Lire.

1823 sollen alljährlich 10.000 Dutzend Dutch Dolls aus Gröden ins Ausland verschickt worden sein.

1846 werden bereits *viele tausend Dutzend verschiedener Größen exportiert* (Johann Jakob Staffler, S. 1014).

In den folgenden Jahren gibt es einen fast unglaubwürdigen Aufschwung. Beim Abwägen der verschiedenen Angaben gegeneinander stimmen diese aber durchaus überein.

Zu den riesigen Mengen an Puppen konnte es nur durch genaueste Arbeitsteilung innerhalb der Puppenschnitzerfamilien kommen. Jeder hatte je nach Alter und Fähigkeit eine bestimmte Arbeit zu verrichten; tagein und tagaus waren es oft ein ganzes Leben lang nur wenige, gleichförmige Handgriffe. Aus dem Jahr 1877 gibt es eine anschauliche Beschreibung der Puppenherstellung in Gröden: *Nicht ohne Verwunderung sieht man, wie der Dreher ein Holzstück in den Rahmen spannt, die Scheibe laufen läßt, mit breitem Eisen von der Mitte zur Rechten und zur Linken das schwingende Kantholz erst im groben rundet, dann durch leichte Einschnitze in den Oberkörper gliedert und zu vollständiger Modellierung des Kopfes, der Brust und des Leibes die Schnittfläche des Eisens noch einmal, wie im Fluge über jeden Abschnitt streifen läßt, wie dort sein Camerad Stab auf Stab an das feinere Zahnrad hält, um die Gelenke einzuschneiden, oder Ober- und Unterarme, Ober- und Unterschenkel ineinander fügt und mittels pfriemartiger, in der Walze befestigter Nadel — für die spätere Vernietung mit hölzernen Stiften — durchbohrt. So schnell werden die Klötze — genau im Mittelpunkt des Durchmessers — in den Rahmen gesetzt, die abgedrehten Stücke herausgenommen — und so regelmäßig vollzieht sich der Gestaltungsprozess, dass der Blick kaum den Bewegungen des Holzes und der Instrumente zu folgen vermag. Schliesst man jedoch die Augen, so hört man nach dem dumpfen Gebrummel, das die Abdrehung der Kanten begleitet, den schneidigen Doppelton der Gliedertheilung und ein dreifaches, leises Schnurren, wenn das Eisen Kopf und Rumpf modelliert, hört bei jedem neuen Stück den Wechsel des Geräusches und unterscheidet in dem Rhythmus der eintönigen Melodie den beschleunigten oder verzögerten Fortgang der Beschäftigung. Langsamer schwirrt wohl das Rad, wenn der Fuß des Drehers die Maschine im Gang erhält, und die ungleichartige Bewegung den Körper ermüdet; doch gibt ihm unausgesetzte Uebung auch im Handbetriebe staunenswerthe Fertigkeit* (G. Dahlke, S. 347).

Die tatsächliche Exportmenge an Dutch Dolls pro Jahr läßt sich aus dem Folgenden nur ahnen, da Puppen in den Angaben über Ausfuhrmengen nicht gesondert behandelt sind.

Ein englischer Zeitungsartikel aus dem Jahre 1875 spricht von 60—70 Zentnern an Puppen, die wöchentlich aus Gröden ausgeführt werden.

Anläßlich eines Besuches der Firma Insam & Prinoth im Jahre 1873 wird von 30.000 Stück Vierzentimeterpüppchen gesprochen, die der Verleger wöchentlich aufkauft — allein von einer einzigen Größe und Machart!

Zu Ende des 19. Jahrhunderts sollen Bestellungen über 1000 Gros (144.000 Stück) Gliederpuppen nicht selten gewesen sein. Nach Wilhelm Lutz soll sich ein Verleger noch eines Auftrages aus der Zeit um die Jahrhundertwende über 72.000 Dutzend (864.000 Stück) Vierzollpüppchen erinnert haben. Große

Familien sollen *in jenen Jahrzehnten, in denen vornehmlich Gliederpuppen geschnitzt wurden, bis zu 1000 Dutzend wöchentlich und bis zu 40.000 Dutzend* von Januar bis Oktober fertiggestellt haben (»Gröden«, S. 124; 133).

Für diese unglaublichen Zahlen sprechen auch die beiden folgenden Aussagen. Da heißt es 1873: *Ein tüchtiger Puppenmacher produziert am Tage 20 Dutzend kleine, etwa 4 cm (1,5 inches) lange Gliederpuppen ... Das bedeutet, daß bei einem zwölfstündigen Arbeitstag alle drei Minuten eine Puppe entsteht — eine fast unglaubliche Leistung. Jedoch wiederhole ich nur treulich, was ich an Ort und Stelle erfuhr* (Amelia Edwards, S. 375).

Und aus dem Jahre 1877: *So erhielt ... eine Grödner Familie, die aus dem Vater und drei noch nicht erwachsenen Kindern besteht, unlängst aus England eine Bestellung von 18.000 Dutzend Puppen — ein schönes Stück Arbeit. Doch werden dieselben im Verlaufe eines Winters sicher fertig, da die Schnitzer in der Regel 100 Dutzend in 24 Stunden zu Stande bringen. Freilich muß dabei Tag und Nacht gearbeitet werden* (Ludwig von Hörmann, »Tiroler Volkstypen«, S. 255).

Um die gleiche Zeit verdient ein Schnitzer bei Puppen sechs Kreuzer pro Dutzend Dreizollpüppchen und 36 Kreuzer pro Zwölfzollpuppen.

Im Jahre 1891 wird für Puppen verschiedener Größen an den Schnitzer von zwei Kreuzern bis zu drei Gulden pro Dutzend gezahlt, wobei sich der erhebliche Preisunterschied durch die verschiedene Ausführung und Größe der Puppen erklären läßt. Die Kugelgelenke der größeren Puppen z. B. waren schwieriger und zeitraubender anzufertigen als die einfachen Steckgelenke, und bei feineren Puppen wurden ja auch die Gliedmaßen gedrechselt und nicht nur Rundhölzer dafür verwendet.

Der Verleger bot zur gleichen Zeit etwa »Puppen ohne Nasen« von der Größe zwei Zoll für —,50 Gulden pro Gros an, was so viel wie vier Kreuzer pro Dutzend bedeuten würde. Vergleicht man diese Angaben mit den Preisen, die 1877 an Schnitzer gezahlt werden, so ist in der kurzen Zeit von nur 14 Jahren ein deutlicher Preisverfall zu erkennen.

Wegen der zerbrechlichen Holzgelenke und der nicht gerade sehr haltbaren Farbe ist der Verbrauch an solchen billigen Puppen anscheinend ungeheuer gewesen. Sie waren das Spielzeug der ärmeren Kinder, da im Verlaufe des 19. Jahrhunderts neben Papiermaché vor allem Porzellanpuppenköpfe mehr und mehr den Markt eroberten. Trotzdem besaß die spätere Königin Victoria von England als Prinzessin reizende, kleine Grödner Holzpuppen, die sie zusammen mit ihrer Erzieherin ankleidete, und zwar einen Großteil in die Theaterkostüme derjenigen Stücke, die sie gerade gesehen hatte. Diese Püppchen haben sich bis heute erhalten.

Eines der abfälligen Urteile über Grödner Puppen findet sich in den »Mitteilungen des Tiroler Gewerbevereins von 1891«. Dort heißt es von den buntbemalten Wiegenkindern und Gliederpuppen, daß sie *wohl an Geschmacklosigkeit und Naivität das Höchste leisten.* Es ist aber nicht ganz sicher, ob der

Autor jemals selbst ein solches Püppchen in der Hand gehabt hat, da er berichtet, *daß so ein Figürchen . . . mittelst Eisendraht in beweglicher Weise* zusammengehalten würde, *wobei Gesicht, Hände und Füße auch noch mit entsprechender Farbgebung herausgeputzt werden.*

Nach dem Ersten Weltkrieg gab es erneut Schwierigkeiten mit der Holzbeschaffung. Zeitweise war es sogar verboten, Holz aus eigenem Walde zu schlagen (mdl. A. Vinzenz Insam-Neuhaus). Der verhältnismäßig hohe Holzverbrauch bei der Herstellung von Dutch Dolls und die Tatsache, daß für diesen Artikel keine Nachfrage mehr bestand, ließ die vereinzelten Versuche, diese Produktion wiederaufzunehmen, schon fast im Keime ersticken. So ist es berechtigt, das Ende der Herstellung von Puppen in Gröden mit dem Beginn des Ersten Weltkrieges anzugeben, abgesehen von den allerkleinsten Größen.

Anfang der zwanziger Jahre taten sich im Tal die drei größten Spielzeugverleger mit einem kleineren Verleger zusammen, um alle Restbestände der Vorkriegsproduktion an Puppen im Tal aufzukaufen. Es waren das die Dutch Dolls, bemalt und unbemalt, die bei Ausbruch des Krieges 1914 bei Schnitzern und Verlegern lagerten (mdl. A. Vinzenz Insam-Neuhaus). Die vergleichsweise wenigen unbemalten Puppen wurden nun angemalt und z. T. versuchsweise auch angekleidet (mdl. A. Julie Giovanardi). Die Annahme, daß sich diese Bestände an Ware leicht verkaufen ließen, bestätigte sich nicht. Es wird daher von den drei großen Verlegern ein Alleinverkaufsvertrag mit einer Spielzeug-Großhandelsgesellschaft in London für den englischen Markt abgeschlossen. Aber auch in England ist die Nachfrage, im Vergleich zur Vorkriegszeit, gering. Einer der Verleger macht u. a. das Angebot, im Falle einer Abnahme von 5000 kg Puppen die vollen Frachtkosten zu übernehmen; dies würde, überschlägig gerechnet, die ungefähre Menge von 120.000 Puppen verschiedener Größen bedeuten.

Aus der Korrespondenz der Firma Insam & Prinoth mit der englischen Partnerfirma mögen einige Ausschnitte aus den Jahren 1928/29 die Situation verdeutlichen:

Wir hatten uns die Jahre her bemüht, die Preise auf das Äußerste zu reduzieren, so daß bei den hohen Frachtkosten da und dort kein Verdienst mehr ist. Wie Sie wissen ist unser Lager bedeutend und schwer lasten die Zinsen darauf. Oder aus einem anderen Brief: . . . *da wir die Preise ja bereits so stark heruntersetzten, daß wir froh sind, wenn wir noch die Frachtspesen anständig herausbringen.* In einem weiteren Brief wird von der Hoffnung gesprochen nun den *jahrelangen Vorrat* (an Puppen) *endlich abzustoßen.*

Von einer einzigen Puppengröße und -machart hat allein einer der Verleger 1929 noch 700 Gros am Lager. Immerhin sind das 100.800 Stück.

Zu Ende des Jahres 1928 wird der Vertrag mit der englischen Firma gekündigt, und man versucht, nun selbst mit Vorkriegskundschaft, hauptsächlich jenseits des Kanals, Kontakt aufzunehmen. Auch überseeischen Firmen werden die Puppen angeboten. Da geht z. B. eine Mustersendung nach Sidney mit dem Hinweis auf die regelmäßigen großen Sendungen vor dem Kriege in die deutschen Kolonien.

Hin und wieder gibt es noch eine Lieferung von nur einigen Gros-Puppen, vorwiegend nach England, dem traditionellen Hauptabnahmeland für diesen Artikel. Die größte noch feststellbare Lieferung des Jahres 1929 umfaßt 70½ Gros = 10.000 Stück; das ist für Vorkriegszeiten eine relativ kleine Menge.

Auf jeden Fall gelang es nicht, die aufgekauften Dutch Dolls zu verkaufen. Ein Rest blieb. Einer der Verleger heizte zur Winterszeit mit Puppen, da es aussichtslos erschien, sie jemals loszuwerden. Bei einem anderen blieben sie am Lager, von wo aus »mehrere Lieferwagen« (ca. sechs) vollgeladen mit in Paketen abgepackten Dutch Dolls und wenigen Restbeständen an Tieren aus der alten Produktion im Jahre 1969 an das »Pollock's Toy Museum« nach London verkauft wurden, deren weiterer Weg sich z. T. verfolgen läßt. Sie tauchten in Zürich, Basel, Bern und anderen Städten in der Schweiz ebenso wie in Kaufhäusern in München auf, wo sie teilweise in Wühlkörben zusammen mit billigem fernöstlichem Spielzeug angeboten und verschleudert wurden. Allein 20.000 Stück gingen an eine einzige Adresse in den USA und wurden in einer Zeitungsannonce als Geschenkartikel angepriesen.

Dieses war die letzte Puppenlieferung nach England — nach dem Land, das ihnen auch ihren Namen gegeben hatte (mdl. A. Adolf Senoner-Vastlé).

Nach seinem Hauptartikel Puppen stellt Gröden in der Hauptsache Tiere her, von denen Pferde in den verschiedensten Ausführungen zur beliebtesten Ware gehören. Hier gibt es einen Qualitätsabfall von St. Ulrich über St. Christina nach Wolkenstein hin, der zusammenhängt mit dem Einfluß der Fachschule in St. Ulrich auf die Spielzeughersteller und damit, daß sich in St. Ulrich auch die größten Verlegerfirmen niedergelassen hatten.

In St. Ulrich erinnert sich der 77jährige Herr Burgmeister, dessen Vater schon Pferde schnitzte, an seine Arbeit für die Heimindustrie. Er fertigte hauptsächlich Wiegen- und Schaukelpferde in allen Größen an. Er besaß Schablonen für jede Größe, nach denen er arbeitete und meinte, er könnte sich sofort hinsetzen und ohne Schwierigkeiten seine Arbeit als Pferdeschnitzer wieder aufnehmen (mdl. A. Robert Moroder).

Wie unterschiedlich Tiere geschnitzt wurden, und was für eine große Menge an Mustern Gröden liefert, kann durch die kleine Auswahl an Abbildungen hier nur bedingt gezeigt werden. Besondere Merkmale gegenüber Tieren aus anderen Spielzeug-Heimindustrien — außer vielleicht der bestimmten Technik, mit der in Gröden geschnitzt wurde — gibt es nicht. Der »Grödner Stil« wird nur demjenign deutlich sein, der sich viel mit diesem Spielzeug beschäftigt hat.

Auch hier wird wieder sog. »weiße Ware« in unglaublichen Mengen geliefert, während bemalte Stükke vergleichsweise weniger hergestellt werden. Pferde bilden eine Ausnahme. Sie wurden in großen Mengen auch bemalt geliefert und wegen der großen Nachfrage als »bunte Ware« ständig am Lager gehalten.

Tiere, vom Beginn der Heimindustrie an hergestellt, bleiben auch bis zum Ende der Alt-Grödner Spielwarenproduktion im Lieferprogramm. In den zwanziger und dreißiger Jahren unseres Jahrhunderts werden sie zwar noch in alle Welt geliefert, müssen aber mehr und mehr aus dem Angebot genommen werden.
Da heißt es z. B. in einem Brief nach Basel aus dem Jahre 1928: ... *daß wir, um das Lager zu räumen, auf die Artikel* ... (verschiedene Kühe und Pferde) *soweit noch Vorrat ist, einen Ausnahmerabatt von 10% bei sofortiger Bestellung gewähren.*
Als größte Lieferung an »ordinärer Ware« gehen von einem Verleger im Jahre 1927 lediglich 1004 kg nach London; das ist im Vergleich zur Vorkriegszeit eine sehr unbedeutende Menge.
Aber auch Frankreich ist noch hin und wieder Abnehmer für einfaches Spielzeug, worunter vorwiegend Tiere verstanden werden.
Bei Durchsicht der Firmenanschriften, mit denen in den zwanziger Jahren korrespondiert wird, fällt auf, daß immer mehr die Kurz-, Galanterie- und Spielwarengeschäfte, die Porzellanhandlungen oder die Papier- und Buchhandlungen fehlen, die früher Spielzeug nebenher vertrieben. Nun finden sich die Adressaten mehr und mehr unter Kaufhäusern, Andenkengeschäften und Hotels, was allein schon die Umstellung des Angebotes vermuten läßt.
Noch einmal soll die Massenerzeugung von Spielzeug deutlich gemacht werden: *Nach eigener Beobachtung bedarf ein Holzschnitzer zur Anfertigung einer kleinen Thierfigur, z. B. eines Esels, den Aufenthalt mit Zurichten des Rohholzes und Schleifen der Werkzeuge nicht mitgerechnet, 7 Minuten. Er kann dafür im günstigsten Falle 8 Dutzend per Tag erzeugen, wenn er für die von Kindern bereitgestellte Hilfsarbeit nichts in Anrechnung bringt* (Wilhelm Exner, »Die Hausindustrie des Grödner Thales«). An diesen aus dem Jahre 1886 stammenden Angaben ist nicht zu zweifeln, stellte doch der inzwischen verstorbene letzte »Grobschnitzer« Berchtesgadens nach eigenen Angaben im Jahre 1978 noch täglich 60 kleine Figuren her, einschließlich der Bemalung, wie er sagte, und ohne Hilfsarbeit von Kindern.
So kann es zu den unglaublichen Mengen an Spielzeug kommen. Die Beschreibung des Lagerhauses der Firma Insam & Prinoth aus dem Jahre 1875 mag einen Eindruck von der Menge der in Gröden hergestellten Ware geben. Da heißt es: *Seht euch einen Lagerraum nach dem anderen an, wo es, hoch aufeinandergestapelt, Behälter voller Vierfüßler und Zweifüßler gibt — die meisten aus Rohholz, da Eltern darauf aufmerksam geworden sind, welche merkwürdige Anziehungskraft bemaltes Spielzeug auf Kindermünder ausübt. Seht die Millionen zählenden Schafherden, diese mannigfaltigen Hähne ... diese Mengen von Pferden ... und dort die Tausende kleiner, roter, fahrbarer Plattformen, die diese Pferde besteigen sollen, und mehr Pferde — Pferde wohin man sieht. Manche Lieferungen sind sorgfältig und genau ausgeführt, andere auf billigere, gröbere Art ... Hier liegen Billionen von Holzpuppen nachläßig durcheinandergeworfen ...* (Margarit Howitt, S. 776).

Zu Anfang des Zweiten Weltkrieges wurden Mengen von Spielzeug zu einem Preis nach Mailand geliefert, der unter demjenigen für Brennholz lag. Sie wurden dort auch tatsächlich verheizt (mdl. A. Robert Moroder, Adolf Senoner-Vastlé).

Ein Rest an Spielwaren blieb den Verlegern aber auch nach dem Zweiten Weltkrieg am Lager. Er wird nach den schlechten Erfahrungen in den Vorkriegsjahren gar nicht mehr zum Verkauf angeboten und zum größten Teil im Tal selbst verheizt, um die Lager nun endlich nach so vielen Jahren zu räumen.

1958 kauft ein Münchner Geschäftsmann einige Lastwagen alten Spielzeugs in Gröden auf. Es wird ihm mit Bedauern erklärt: »Ja wären Sie nur im Herbst gekommen! Wir haben den ganzen Winter mit Spielzeug geschürt.«

1970 gelingt es dem gleichen Geschäftsmann, weitere Restbestände — und das sind anscheinend die letzten — an Spielzeug aufzukaufen; und so findet sich immer noch hin und wieder in München Alt-Grödner Ware zum Verkauf angeboten.

Es waren dies die beiden letzten größeren Lieferungen an Spielzeug aus der alten Produktion, die Gröden verlassen haben — sieht man ab von dem vornehmlich aus Puppen bestehenden Verkauf nach London aus dem Jahre 1969.

Datierung und Herkunftsbestimmung

Wer Grödner Spielzeug datieren will, muß Mut zu Fehlschlägen haben! Eine Ausnahme bilden Stücke in Museen und Sammlungen, bei denen das Beschaffungsjahr — sofern direkt aus Gröden bezogen wurde — nachgewiesen werden kann. Aber auch bei der Bestimmung der Herkunft ist Vorsicht geboten, da die einzelnen Spielzeugzentren verschiedene Artikel nicht selbst hergestellt haben, sondern ihre Kollektion aus den Konkurrenzgebieten ergänzten, sofern es sich um Ware handelte, die preisgünstiger aus den Nachbargebieten bezogen werden konnte, als sie selbst herzustellen war. So lieferte Gröden z. B. die »Kleinste Puppe der Welt« nach Sonneberg, wo diese in gedrechselte und aufschraubbare Eier als Überraschungseffekt gegeben wurde (mdl. A. Werner Habicht). Diese Eier mit Püppchen wurden gleichzeitig auch in Gröden komplett hergestellt.

Ebenso ging Grödner Spielzeug nachweislich auch nach Berchtesgaden und ins Erzgebirge (u. a. auch an die Adresse »Sammellager für erzgebirgisches Spielzeug«), ganz zu schweigen von Oberammergau, das vor 1820 ja einen Teil der Grödner Produktion nach deren Bemalung von sich aus verkaufte. Es kann davon ausgegangen werden, daß zwar Spielzeug aus konkurrierenden Heimindustrien auch kopiert, daß dabei aber doch in dem jeder Spielzeugindustrie eigenen Stil gearbeitet wurde, so daß es unrichtig erscheint, z. B. im Erzgebirge auftauchende Grödner Tiere als Kopien zu bezeichnen; vielmehr dürfte es sich in diesem Fall um aus Gröden bezogene Ware zur Ergänzung des eigenen Angebotes handeln.

Für eine ungefähre Bestimmung des Herkunftsortes können manchmal die verwendeten Hölzer hilfreich sein. Zirbelholz z. B. wird nicht allein in Gröden, sondern auch in geringem Umfang in Berchtesgadens Spielzeugindustrie, selten in Oberammergau, verwendet. Bei ungefaßtem Spielzeug mag das ein Hinweis sein.

In Gröden wird 1807 *vorzüglich und beynahe einzig das Holz des zirbelbaumes ... bearbeitet* (Josef Steiner, S. 14). 1823 *ist der Arbeiter* daneben bereits ... *genöthigt ... das härtere gröbere Fichtenholz zu gebrauchen* (Stephan, Edler von Keeß, »Beschreibung der Fabricate ...« S. 142).

Man kann trotzdem sagen, daß bis in die Mitte des 19. Jahrhunderts immer noch fast ausschließlich Zirbelholz in der Spielzeugindustrie verwendet wurde. Danach findet man Zirbel in zunehmendem Maße nur noch bei besonders fein geschnitztem Spielzeug oder auch z. T. bei größeren Tieren (mdl. A. Adolf Senoner-Vastlé). Für die Massenproduktion wurden in der zweiten Hälfte des 19. Jahrhunderts hauptsächlich Fichte, aber auch Pappel, Weide, Ahorn, Espe, Tanne, Föhre und andere Hölzer verwendet.

Eine weitere Datierungsmöglichkeit bietet der Vergleich von Katalogen aus den verschiedenen Jahren. Die einzelnen Verleger numerierten die angebotenen Artikel durchgehend. Das heißt: Wird ein Spielzeug nicht mehr hergestellt, so entfällt diese Nummer; neue Artikel bekommen neue Nummern.

Auf diesem Wege ist es auch möglich, durch Vergleichen der angebotenen Ziffern das ungefähre Alter eines undatierten Kataloges oder Musterbuches festzustellen. Es sind dies großformatige Bücher, die statt Musterkoffern (im Erzgebirge und in Oberammergau nachgewiesen) auf Messen und auf Reisen mitgenommen werden konnten; hier ist das Angebot des Verlegers schön koloriert abgebildet, meist ohne Text, aber mit Artikelnummern.

Der Vergleich der in Gröden erhaltenen Musterbüchern aus den siebziger und achtziger Jahren des letzten Jahrhunderts mit den von Arthur Haberlandt in »Die Holzschnitzerei im Grödener Tale« gezeigten Blätter eines Musterbuches aus der Mitte des 19. Jahrhunderts zeigt einen deutlichen Stilwandel — und zwar eine Vergröberung — des Spielzeugs innerhalb von zwanzig bis dreißig Jahren, während das Angebot aus dem letzten Viertel des vorigen Jahrhunderts stilistisch demjenigen vergleichbar ist, das noch bis zum Ersten Weltkrieg das Gesicht der Grödner Ware ausmachte. Erst der Stil des Grödner Spielzeugs in den zwanziger und dreißiger Jahren unseres Jahrhunderts kann nicht mehr als volkstümlich bezeichnet werden, und es zeigen sich deutlich die Einflüsse der nun vermehrt gelieferten Halbgebrauchs- und Gebrauchsgegenstände der Andenkenindustrie auf die Herstellung der Spielwaren. Bei der Beschäftigung mit alten Grödner Katalogen kann man also zumindest feststellen, bis wann ein bestimmtes Spielzeug hergestellt und wann der Artikel aus dem Angebot genommen wurde. Ebenso zeigt sich hier, wann die Produktion eines bestimmten Musters aufgenommen wurde. Dies sind im allgemeinen die einzigen Angaben, auf die man sich stützen kann.

Da die Grödner Ware im Laufe der Jahre stilistisch eine Entwicklung durchgemacht hat, kann im Vergleich der verschiedenen erhaltenen Formen eines Spielzeugs wohl eine Schätzung, nicht aber eine wirklich genaue Datierung vorgenommen werden. Vorzuschlagen wäre daher bei Datierungsversuchen die Formel: »Hergestellt in Gröden bis ...; geschätztes Alter ...« zu benutzen.

Wie schon erwähnt, darf nicht vergessen werden, daß in Gröden ein Spielzeug »fein«, »mittelfein« und »ordinär« angeboten wird.

Verschiedene Merkmale schließen von vornherein aus, daß es sich um Grödner Spielzeug handelt. Da bis zu den allerneuesten Bucherscheinungen grundsätzliche Fehler bei der Bestimmung der Grödner Ware gemacht werden, sei hier auf einige dieser fehlerhaften Angaben näher eingegangen.

So wird in Gröden z. B. nie mit Papiermaché gearbeitet. Ebenso ist die Zuhilfenahme von »Masse«, gleich welcher Zusammensetzung, nicht bekannt.

Dutch Dolls wurden bis auf wenige Ausnahmen immer unbekleidet ausgeliefert. Als Ausnahme wurden die »Kleinsten Puppen der Welt« und Püppchen bis zu einer Größe von fünf Zoll in italienischer Zeit, also in den zwanziger Jahren, in geringer Anzahl angezogen exportiert (mdl. A. Johann Malsiner).

Eine ehemalige Spielzeugverlegerin konnte sich erinnern, wie diese Idee auftauchte und von ihr aufgegriffen wurde. Die Verlegerin fuhr nach Bozen und kaufte Berge von Spitzen, Seidenbändern und Watte. Aus der Watte wurden von geschickten Frauen die »Perücken« für die oft nur eineinhalb Zentimeter großen Püppchen gemacht. Aus Seidenbändern und Spitzen entstanden Kleider und Kopfbedeckungen. Diese kleinen, angekleideten Püppchen wurden auch zur Dekoration von Korken, Dosen usw. benützt, auf die sie aufgeklebt waren (mdl. A. Julie Giovanardi). Oder die winzigen Püppchen wurden auch in vier bis fünf Zentimeter lange, buntbemalte Holzschuhe gesteckt, mit Wattekissen und den verschiedensten Zudecken.

Puppen mit Echthaarperücken könnten zwar im Tal hergestellt worden sein, ein Nachweis dafür war aber bisher nicht zu erbringen. Es dürfte sich hier, falls überhaupt Gröden der Herkunftsort wäre, um irgendwelche Einzelstücke handeln. Zum typischen Angebot gehören sie auf gar keinen Fall, und sie können auch nicht als Dutch Dolls bezeichnet werden.

Mißtrauisch darf man sein, sobald Grödner Spielzeug in Spanschachteln angeboten wird. Es gab zeitweise eckige Fichtenholzschachteln, fein verzinkt, mit aufklappbarem Deckel. Sie dienten aber mehr für den Versand als zur Aufbewahrung einzelner Spielzeugsortimente. Spanschachteln sind im Tal selbst nicht hergestellt worden (mdl. A. Robert Moroder, Adolf Senoner-Vastlé). Man nahm Pappschachteln für zusammengehörige Kollektionen.

An ihren Räderbrettchen können Grödner Tiere auch nicht erkannt werden. Es gibt die verschiedensten Arten davon, weiß oder bemalt. Bei einigen wird die Holzachse quer durch das Brett gesteckt, bei anderen stecken die Räder in Schlitzen, die in das Brettchen eingesägt sind — befestigt wieder an einer Holzachse. Es gibt auch einfach an das Brettchen genagelte Holz- oder Blechräder (aus Nürnberg bezogen).

Größere Holzräder für die verschiedensten Wagen konnten einfach Vollräder sein, oder sie hatten — wie bereits beschrieben — eingeprägte, rundum laufende Muster. Es gab blechbeschlagene Räder und es gab Speichenräder.

Dutch Dolls, größer als 24 Zoll, wurden nicht angefertigt. Bei noch größeren Puppen handelt es sich um — auch in Gröden hergestellte — »Akademiefiguren«, also Modellpuppen für Maler und Bildhauer. Sie wurden bis zu einer Höhe von 201 cm geliefert.

Holzdocken mit Porzellankopf können nur, was den »Dockenleib« betrifft, aus Gröden kommen.
Für einige Artikel kann heute gesagt werden, bis wann sie hergestellt wurden. Spielzeugverleger und Arbeiter der Heimindustrie konnten sich bei manchem Spielzeug daran erinnern, bis zu welchem Jahr es produziert wurde. Dabei kann nicht ausgeschlossen werden, daß im Tal irgendwo noch ein Schnitzer an diesem Spielzeug weiter schnitzte, das aber im allgemeinen bereits aus dem Lieferprogramm herausgenommen worden war. Herr Ferdinand Rifesser formuliert: »Der Artikel starb mit seinem letzten Schnitzer.«

Zu den Artikeln, die im großen und ganzen nur bis Anfang des 20. Jahrhunderts hergestellt wurden, gehören Figuren, die durch Bleigewichte in Balance gehalten werden (geringe Mengen wurden bei Bestellung noch bis zu den dreißiger Jahren geliefert; mdl. A. Ferdinand Rifesser, Johann Malsiner).

Ebenso wurden Figuren mit Schellen in den Händen vorwiegend im 19. Jahrhundert geschnitzt (mdl. A. Ferdinand Rifesser). Das alte Pendelspielzeug wurde bis zum Ersten Weltkrieg angefertigt. In den zwanziger und dreißiger Jahren gab es Pendelspielzeug »modernerer Art«.

»Mönch und Glocke« wurde nach 1918 noch einmal versucht ins Lieferprogramm aufzunehmen. Es fand sich aber kein Markt mehr dafür, und der Artikel wurde gestrichen (mdl. A. Ferdinand Rifesser). Ebenso ging es mit verschiedenen anderen Spielsachen. Dabei ist zu denken an »Harlequin auf Pferd«, »Harlequin auf Säule« usw., »Affe auf Rädern«, »Affe mit Jungem«, »Trommelschläger«, »Gaukler an der Schnur«, »Seiltänzer« und an ähnlich liebenswertes Spielzeug (mdl. A. Johann Malsiner). Steckengaukler wurden immerhin in den modernen Formen noch bis 1925 hergestellt, die alten Modelle nur bis 1914 (mdl. A. Johann Malsiner).

Grobe Krippenfiguren, in Gröden dem Spielzeug zugerechnet, wurden noch bis etwa 1930/35 geschnitzt (mdl. A. Johann Malsiner), Puppenköpfe bis kurz nach 1914 (mdl. A. Vinzenz Insam-Neuhaus), Dutch Dolls bis 1914 (mdl. A. Adolf Senoner-Vastlé) und »Die kleinste Puppe der Welt« bis zu den frühen dreißiger Jahren höchstens (mdl. A. Vinzenz Insam-Neuhaus, Adolf Senoner-Vastlé).

Nach dem Ersten Weltkrieg wandern viele junge Leute, angeregt durch den Besuch der Fachschulen im Tal, zur Bildschnitzerei ab. Nur die älteren Arbeiter bleiben beim Spielzeugschnitzen. In den dreißiger Jahren wurde fast kein traditionelles Spielzeug mehr hergestellt, und mit Beginn des Zweiten Weltkrieges ist auch das Ende der alten Spielzeug-Heimindustrie anzusetzen.

VI Der Handel

Die Entwicklung des Handels

Mit der Schnitzerei in Gröden nimmt auch der Handel seinen Aufschwung. Hier konnten es einige der Verleger für Spielzeug zu relativem Reichtum bringen, während die Verarmung der Schnitzer in der gleichen Zeit fortschritt.

Der Hausierhandel mit geschnitzten Waren konnte aufbauen auf der Erfahrung, die von Spitzenklöpplerinnen und Hausierern beim Verschleiß der Spitzen schon im 18. Jahrhundert gesammelt worden war. (Der ladinische Ausdruck »Zandletc« für Hausierer bedeutet Spitzenhändler; ein nur in männlicher Form gebrauchter Begriff. Offensichtlich gingen also nicht nur Spitzenklöpplerinnen mit ihrer Ware hausieren — wie vielfach behauptet wird —, sondern auch Männer übernahmen z. T. den Verkauf; mdl. A. Adolf Senoner-Vastlé.)

1754 wird von Grödnerinnen berichtet, die mit geschnitzten Rahmen und Spitzen hausierten, was bedeuten würde, daß Holzwaren anfangs mindestens teilweise von Spitzenhausiererinnen zum Verkauf mitgeführt wurden, während dann 1796 von Hausierern lediglich für geschnitzte Waren gesprochen wird.

Der Beginn des Hausierhandels wird 1807 so dargestellt, daß *zur Zeit der Entstehung der Schnitzerey . . . Kaufleute aus Ammergau nach Gröden* kamen, *welche Schnitzwaaren kauften, und darauf Bestellung machten. Bald wagte der speculirende Grödner, auf den Gewinn derselben aufmerksam gemacht, den Versuch, seine Fabricate selbst im Auslande abzusetzen. Es giengen einige nach Italien, dann nach Spanien, und es gelang ihnen so gut, daß mancher zu einem beträchtlichen Vermögen sich erschwang. Nun eigneten sich die Grödner den Handel mit ihren Schnitzwaaren zu . . .* Es sollen dann *bey 100 junge Leute durch alle Länder Europas* hausierend ziehen, *die Türkey allein etwa ausgenommen* (Josef Steiner, S. 16 und 19).

Die »Russischen Staaten« dagegen werden schon 1796 als Exportländer genannt, ebenso wie Ostindien. Durch die andauernden Unruhen in der Türkei war dieses Pflaster für Grödens Hausierer wohl zu heiß, zumal die Angst vor den Türken aller Welt in den Knochen saß. Man denke an den Osterspaziergang in Goethes Faust (Vollendung Faust I in endgültiger Fassung ca. 1808), wo u. a. ein Bürger meint:

Nichts Bessers weiß ich mir an Sonn- und Feiertagen,
als ein Gespräch von Krieg und Kriegsgeschrei;
wenn hinten, weit in der Türkei,
die Völker aufeinanderschlagen.

Foto eines Grödner Spielzeug-Hausierers mit Pferden auf der Kraxe
Fotoarchiv Tiroler Volkskunstmuseum Innsbruck

Ca. 1777 soll sich bereits ein Peter Wellponer — die Familie Welponer ist heute noch in Gröden ansässig — in Mexiko niedergelassen haben; als Tatsache ließ sich dies bisher allerdings durch das Auffinden einer entsprechenden Eintragung in mexikanische Einwandererlisten nicht belegen (mdl. A. Marianne Back). Dieser Peter Wellponer wird genannt im Zusammenhang mit der Grödner Schnitzwarenindustrie, als wenn es sich hier um eine Handelsniederlassung in Mexiko handeln könnte. Mit Schnitzwaren begaben sich auch 1805 einige junge Grödner nach Philadelphia, New York und Charlestown in Nordamerika.

Die Auswanderung von Grödner Bauernsöhnen ist in direktem Zusammenhang mit dem Hausierhandel der Spielzeug-Heimindustrie zu sehen.

Die Gründung von Grödner Niederlassungen im Ausland schildert ausführlich ein Bericht von 1807:

Im Anfang wurde der Handel *nur von Hausirern betrieben, die periodisch zurückkamen, in der Folge sich von dem gemachten Gewinne Güter kauften, und sich verheiratheten, dann die Besorgung der Landwirtschaft ihren Weibern überließen, und von Zeit zu Zeit wieder auf ihre Handelschaft ins Ausland giengen. Aber so wie sich ihre Geschäfte erweiterten, wurde ihnen die periodische Rückkehr in ihre Heimat lästig, und im zusammenhängenden Verfolge ihrer Speculationen hinderlich. Sie kamen so ganz natürlich auf den Entschluß, sich im Auslande für beständig niederzulassen. Die Wiege ihres handels waren Italien, Spanien und Portugall, wo sie nur unter dem Namen der Deutschen bekannt sind, wiewohl viele unter ihnen kaum ein Wort deutsch verstehen* (Josef Steiner, S. 23 ff.).

Es hätten sich um das Jahr 1750 etwa acht Händler im Auslande, hauptsächlich in Italien, niedergelassen. Der Bericht von 1807 führt nach Nennung der Namen dieser ersten Grödner Geschäftsinhaber im Ausland und nach Aufzählung der Orte dieser Niederlassungen fort: *Sie nahmen dann junge Knaben aus Gröden zu sich, unterrichteten sie zur Handlung, und ließen sie nach einigen Jahren als Compagnons eintreten. Sobald sich diese einiges Vermögen erworben hatten, errichteten sie eigene Handlungen, und besetzten sie wieder mit jungen Leuten aus ihrer Heimat. Auf diese Weise rückte der ausländische Handel der Grödner in dem engen Zeitraume der letztverflossenen 50 Jahre mit Riesenschritten vor, und nun gibt es im südlichen Europa kaum einen Handelsplatz, in Italien beynahe keine Stadt mehr, wo nicht ein oder mehrere Grödner Handelshäuser etabliert wären; ja man kann als sicher annehmen, daß die Anzahl der im Auslande etablirten Grödner zwey Drittheile von der dermaligen Bevölkerung des Thales erreicht* (Josef Steiner, S. 24).

Es folgt nun eine lange Liste von Grödner Niederlassungen im Auslande. Der Autor des Buches »Das Grödner Tal«, Franz Moroder aus St. Ulrich, macht sich die Mühe, die genannten Handelsplätze zu ordnen und durchzuzählen. Er kommt zu folgendem Ergebnis:

229	in Italien auf	69 Plätzen
52	in Österreich auf	30 Plätzen
28	in Spanien auf	15 Plätzen
13	in Frankreich auf	4 Plätzen
11	in Deutschland auf	7 Plätzen
6	in Portugal auf	1 Platz
6	in Belgien auf	2 Plätzen
1	in Holland	1 Platz
2	in Amerika auf 1 Platz, was zusammen ergeben würde:	
348	Niederlassungen auf	130 Plätzen

Hinzu käme noch eine lange Liste der Städte, die Matteo Insam 1814 in seiner Chronik aufführt, z. B. in England, Irland, Polen, Rußland, Afrika (Alexandria), so daß sich die Zahl Grödner Niederlassungen zu Anfang des 19. Jahrhunderts leicht auf 400 erhöhen würde.
An dieser Stelle sei erlaubt, den Abschnitt eines Reiseberichtes aus dem Jahre 1833/34 einzufügen, in dem zwischen den Zeilen viel zu lesen ist vom damaligen Leben in Gröden. Es wird beschrieben, wie *ein schönes Kind* aus Gröden vom Brenner aus im Wagen nach Innsbruck mitgenommen wird. Da heißt es: *Dieß arme Kind war noch nie aus seinem Thale gekommen, und erst sechzehn Jahre alt. Es wanderte zu Fuße nach Schwatz, zu einer Base, die dort schon seit mehreren Jahren ein kleines Geschäft etablirt hatte, um bei ihr die Handlung zu erlernen. Es war das unbefangenste Gemüth, neugierig und läppisch wie ein Affe.*
Abends kamen wir nach Innsbruck; die Kleine war vor Erstaunen ganz außer sich. So hatte sie sich die Hauptstadt nicht gedacht. Eine Ausrufung drängte die andere, und wenn ich mir eine Frage an sie zu richten erlaubte, so wurde ich mit einem schnell wiederholten Scht! abgefertigt, damit ich den Eindruck nicht stören möchte, den die prachtvolle Erscheinung einer Straßenlaterne, die erhabene einer hin- und herspazierenden Schildwache, eine lange, beleuchtete Fensterreihe, oder einige schnell dahinrollende Carrossen auf sie machten.
Von allen Commis — voyageurs, mit denen ich auf Reisen zusammentraf, war mir dieser der interessanteste (August Lewald, S. 170).
Die enorme Auswanderung aus Gröden hörte gegen Ende der ersten Hälfte des 19. Jahrhunderts auf. Wie Franz Moroder meint, sei dies durch die veränderten Handelsverhältnisse und durch das allgemeine Wehrgesetz in Österreich, das den Wehrpflichtigen keine beständige und kaum eine längere Abwesenheit gestattete, bedingt gewesen. Und sicher spielt auch die bessere Erschließung Grödens durch

seine neue Straße eine große Rolle dabei, so daß der Handel mit heimindustriellen Erzeugnissen nun ganz in die Hände ansässiger Verleger übergeht.
Vom Standpunkte der zunehmenden Übervölkerung in der Landwirtschaft aus gesehen, scheint die Auswanderung so vieler Talbewohner positiv zu sein. Ebenso willkommen ist aber auch das Geld, das ein Teil der reichgewordenen Grödner Händler im Alter ins Tal zurückbringt.
Berichte weisen darauf hin, daß eine große Zahl von Grödner Auswanderern ihren Lebensabend zu Hause im Tal verbringt und daß von ihnen die relativ stattlichen Häuser im Gröden des späten 19. Jahrhunderts gebaut wurden, zu einer Zeit, als das Gebiet noch nicht vom Fremdenverkehr entdeckt worden war und als die Lage der heimindustriellen Arbeiter immer schwieriger wurde.
Den Rahmen des Üblichen sprengt das Leben des Grödner Hausierers Dominic Mahlknecht. Gleichzeitig geben Schilderungen seines Lebens gute Einblicke in die Lebensweise damaliger Hausierer:
Er wurde 1724 als Sohn armer Krämersleute (an anderer Stelle »dürftiger Bauersleute«) geboren, mußte schon früh arbeiten und konnte die Schule nur wenig besuchen. In älteren Jahren erst lernte er, seinen Namen zu schreiben. *Als kleiner Knabe schon beschäftigte er sich sehr emsig mit dem Schnitzen von Holzfiguren; bald trieb er den Hausierhandel mit diesen, und setzte ihn durch viele Jahre mit einer erstaunenswürdigen Anstrengung und Sparsamkeit fort* (Johann Jakob Staffler, S. 1049). Mehrere Reisen führten ihn nach Salzburg, Linz, Böhmen und Bayern, auf denen er immer größere Einkäufe machen konnte. *Durch diese wiederholten Reisen wurde er in jenen Gegenden als »Holzbube« bekannt, dem man gerne abkaufte, weil er ein stiller und sittsamer Jüngling war ... Endlich brachte es der Holzbube so weit, daß er die Waare befrachten und die Messen auch mit anderen Waaren besuchen konnte.*
Er hatte sich bereits ein nicht unbedeutendes Vermögen erspart, ging bis zum Gardasee, kaufte dort Limoni und Palmzweige, die er zur Fastenzeit hausierend bis Wien absetzte, und die ihm nach seiner eigenen Versicherung mehr als die Reisekosten abwarfen. Von diesen ging er zu Stroh- und Holzhütten (?) über, die er in Wien mit großem Vortheil absetzte. Von dort brachte er auf die Messen nach Bozen, wo er bereits eine Handlung errichtet hatte, Schuh- und Sohlleder, Felle, Wintersocken, Handschuhe, Leinwand und weissen Zwirn für die Spitzenklöpplerinnen in Gröden ... Die Einkäufe machte er immer selbst, selten verschrieb er sich eine Waare. Während der Messen machte er wenig oder keine Einkäufe, und gebärdete sich, als wenn er keine Geschäfte mehr machen wollte. Am Ende derselben drangen die Kaufleute in ihn, er wolle ihnen diesen oder jenen Rest abnehmen. So brachte er die Waare gegen baare Bezahlung größtentheils um Spottpreise an sich. Seine Kleidung war auch in späteren Jahren, wo er nach Hunderttausenden besaß, der Art, daß ihm besonders bei seinem magern Aussehen mancher gutmüthige Herr ein Almosen anbot, das er aber immer mit ernsthafter Miene zurückwies ... Die Wiener Kaufleute sagten im Scherze öfters: Wir müssen schon dem Mahlknecht einen Rock anschaffen. Dies nahm er aber ganz gleichgültig hin und kümmerte sich um der-

„Viehweide mit 2 Hirten, fein aus Espenholz in flacher Schachtel"
Größe der Schachtel: 40 x 30 cm. Hergestellt bis 1914. Heimatmuseum St. Ulrich
Foto: R. Moroder

Taube
h = 16,5 cm
Feine Ware
Schnabel eingesetzt, Schnabel und Zehen rot, Augenpunkte schwarz.
2. Hälfte 19. Jahrhundert
Sammlung Stäblein
Foto: S. Stäblein

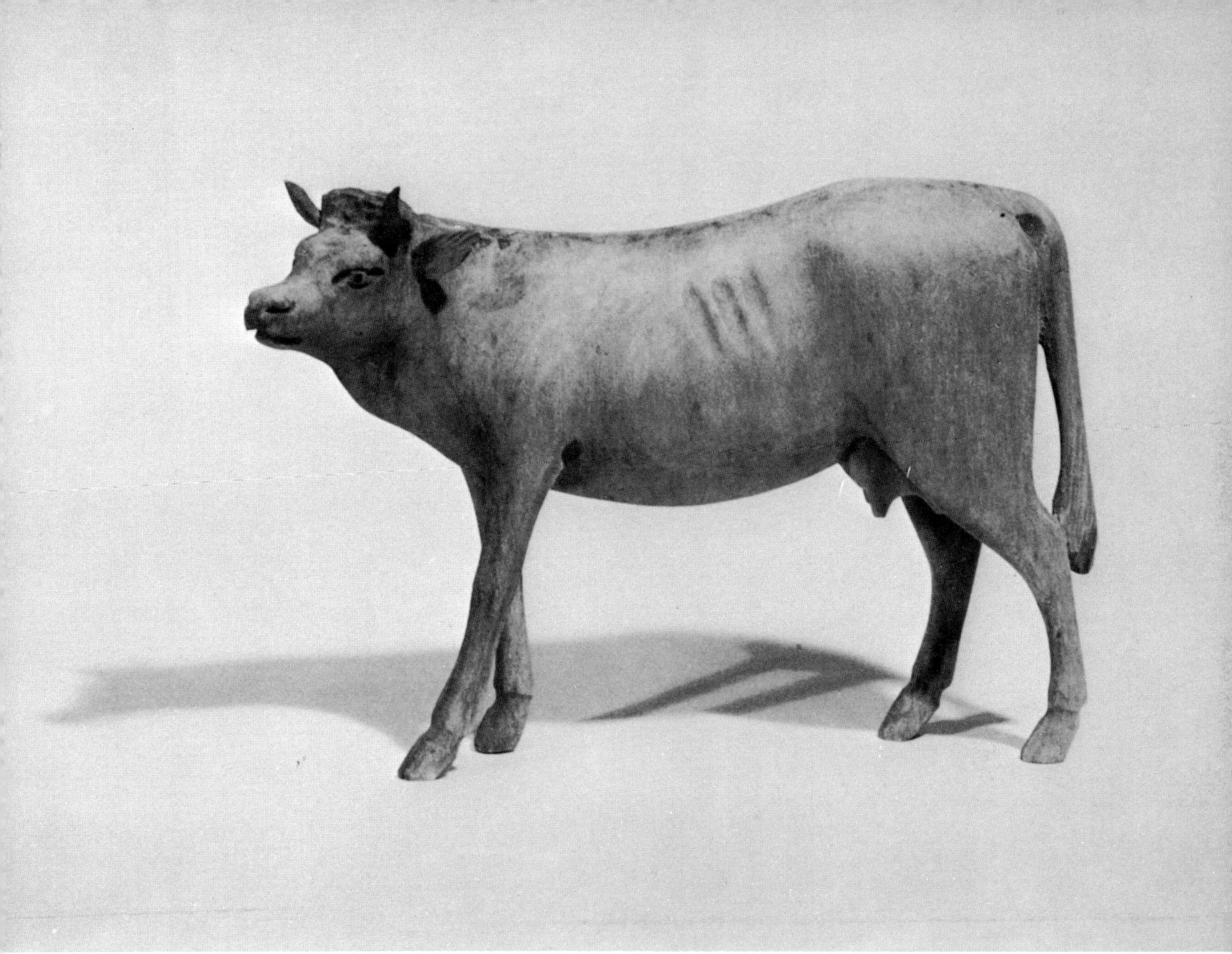

Kuh; feine Ware
h = 10 cm. Hergestellt vor 1914. Sammlung Stäblein Foto: S. Stäblein

Pferd und Wildschwein
Feine Ware. h = 12 und 13 cm. Hergestellt noch nach 1918. Sammlung Stäblein
Foto: S. Stäblein

Gams und Ziege
Feine Ware. h = 7,5 und 10,5 cm. Hergestellt noch nach 1918. Sammlung Stäblein
Foto: S. Stäblein

Schwein
h = 6 cm
Hergestellt im 19. Jh.
Sammlung Stäblein
Foto: S. Stäblein

Schwein und Pudel
Ordinäre Ware
h = 7,5 und 11 cm
Teilweise bemalt
Hergestellt vor 1914
Sammlung Stäblein
Foto: Stäblein

Hähne
Ordinäre u. feine Ware
h = 12 und 16 cm
Kämme und Krallen rot, schwarze Augenpunkte. Ordinärer Hahn noch bis 1939.
Feiner Hahn 19. Jh.
Sammlung Stäblein
Foto: S. Stäblein

Schwan, Taube, Vogel, liegender Vogel
Ordinäre Ware. h = 4–9 cm. Hergestellt je nach Art noch bis ca. 1930. Sammlung Stäblein
Foto: S. Stäblein

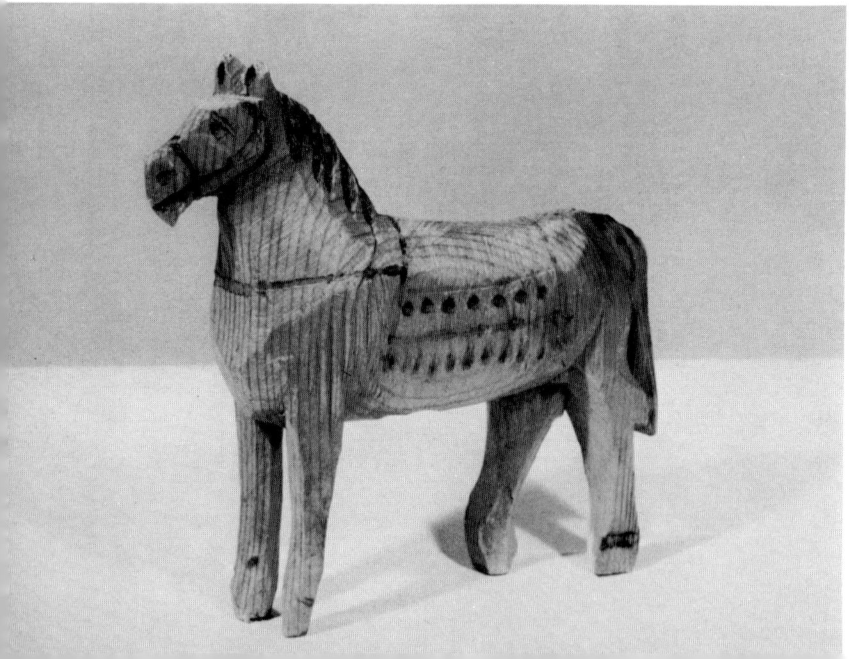

Ordinäre Tiere
h = 4–10 cm
Hergestellt je nach Sorte bis 1939
Sammlung Stäblein
Foto: S. Stäblein

Pferd mit Brandmalerei
Ordinäre Ware
h = 11 cm
Hergestellt Anfang unseres Jh.s
Sammlung Stäblein
Foto: S. Stäblein

Drei Löwen
Ordinäre Ware. h = 5,5–10,5 cm
Maul und Ohren rot, schwarze Augenpunkte. Hergestellt bis ca. 1925. Sammlung Stäblein.
Foto: S. Stäblein

Pudel
Ordinäre Ware. h = 7–11 cm
Hergestellt bis 1914. Sammlung Stäblein
Foto: S. Stäblein

Schafe
Ordinäre Ware, bemalt und unbemalt. h = 5–8 cm. Hergestellt noch zwischen 1918 und 1939.

Verschiedene Schwäne
h = 2,7–13 cm
Ordinäre bis feine Ware
Schnäbel rot, z.T. schwarze Augenpunkte. Hergestellt noch zwischen 1918 u. 1930
Sammlung Stäblein
Foto: S. Stäblein

Schwan und liegender Vogel
h = 3,5 und 8 cm
Hergestellt vor 1914
Sammlung Stäblein
Foto: S. Stäblein

Sitzender Hund
h = 5,5 cm
Bemalung mit "Porzellaneffekt".
Hergestellt vor 1914
Sammlung Stäblein
Foto: S. Stäblein

Verschiedene Tiere. Ordinäre Ware. h = 2,5–3 cm. Hergestellt je nach Art noch nach 1918.
Sammlung Stäblein   Foto: S. Stäblein

Verschiedene Hunde. Ordinäre Ware. h = 6,5–8,5 cm. Hergestellt je nach Art noch nach 1918.
Sammlung Stäblein.   Foto: S. Stäblein

Zwei kleine Pferde
2,8–3,2 cm
Hergestellt vor 1914
Sammlung Stäblein
Foto: S. Stäblein

Pferd, Esel und Schaf
h = 7,5–9 cm
Teilweise bemalt. Dem Stil nach
20er–30er Jahre unseres Jh.s.
Sammlung Stäblein
Foto: S. Stäblein

Drei farbige Kühe
Ordinäre Ware
h = 7–8 cm
Hergestellt bis 1914
Sammlung Stäblein
Foto: S. Stäblein

Ziege und Hund
h = 8 cm
Teilweise bemalt
Vom Stil her Ware aus den 20er oder 30er Jahren unseres Jh.s
Sammlung Stäblein
Foto: S. Stäblein

„Räderesel"
h = 8,5 cm
Esel zum Vorspannen vor Wagen mit Rädern zwischen den Hufen.
Bemalt; Grundfarbe grau
Hergestellt noch nach 1914
Sammlung Stäblein
Foto: S. Stäblein

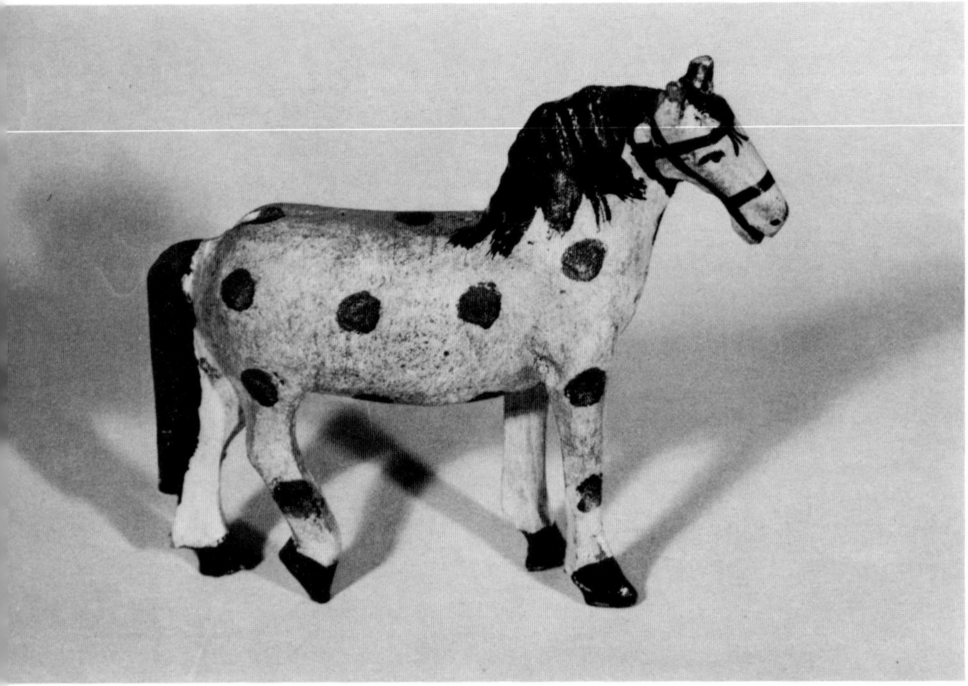

Pferd
h = 14 cm
Bemalung auf weißem Grund.
Hergestellt ca. bis 1925
Sammlung Stäblein
Foto: S. Stäblein

gleichen Reden gar nicht ... Auf kürzeren Reisen kehrte er selten in ein Gasthaus ein, sondern kaufte sich nur etwas Brot und Milch und lagerte in einer Scheune oder auf einer Bank (Joseph Anton Vian, S. 22 f.). *Auf dem Wege von St. Ulrich nach Bozen (er beträgt 11¾ Stunden) machte er z. B. einen Aufwand von 2 kr ... Eine Reise nach Wien und zurück kostete ihn — es scheint unglaublich — nicht einmal einen Gulden* (Johann Jakob Staffler, S. 1049). *Noch in seinen alten Tagen, wo er die Handlung aufgegeben und als sehr reicher Privat in sein Vaterland sich zurückgezogen hatte, wo er Besitzer eines Gasthauses und zweier anderer Häuser war, bewohnte er nur ein armseliges Stübchen im dritten Stocke, um nur von den andern Localitäten einen bessern Hauszins beziehen zu können. Den Ingehäusen machte er es zur Bedingniß, daß sie die Böden nicht spülen dürften, weil diese dadurch nach seiner Meinung eher zu Grunde gingen. Er selbst, wir wissen es von Augenzeugen, wusch sich Hände und Gesicht nur am Tage seiner Communion, um die Handtücher zu ersparen. Er hatte wohl für seine Freunde und Gäste immer Wein in Bereitschaft, aber für sich selbst ließ er nie einen holen ... Und doch, wer möchte es glauben, war er gegen andere unerhört freigebig und wohltätig. Kein Armer klopfte an seine Thüre, ohne reichlich beschenkt zu werden. Manchen drängte er seine thätige Hülfe auf, und man weiß gewiß, daß er oft 100—300 fl. durch eine zweite und dritte Hand unter Hausarme vertheilen ließ* (Joseph Anton Vian, S. 23). — *Noch vor seinem Tode widmete er große Summen für nützliche und wohlthätige Stiftungen aller Art ... Insbesondere erhielten seine dürftigen Verwandten so reichlich Geschenke, daß diese wenigstens auf 12.000 fl. berechnet werden können* (Johann Jakob Staffler, S. 1050).

Die Summe aller bekannten Schenkungen und Stiftungen für Gröden und andere Orte belief sich auf 171.000 fl. Ein noch größerer Teil seines Vermögens fiel an seine Verwandten. Insgesamt soll er im Laufe seines Lebens ein Vermögen von 500.000 fl. angesammelt haben. Dominic Mahlknecht starb 1809 im 85. Lebensjahr. Sein Andenken ist heute noch in Gröden lebendig.

Die Abnahme des Hausierhandels zugunsten des Großhandels im Verlaufe des 19. Jahrhunderts bis in unser Jahrhundert hinein, läßt sich an zeitgenössischen Berichten ablesen.

Zu Anfang des 19. Jahrhunderts *fahren noch immer viele einzelne Grödner fort, die Länder, besonders aber Italien mit ihrer Waare auf dem Rücken als Hausirer zu durchwandern, und so, gleich ihren Vätern und Großvätern, sich zu größern Unternehmungen Kräfte, Kenntnisse und Geschicklichkeit zu sammeln* (Josef Steiner, S. 32).

(Es fällt auf, daß anfangs hauptsächlich Länder mit romanischer Sprache von Grödens Hausierern besucht werden. Hier scheint die enge Verwandtschaft des Ladinischen zu dieser Sprachgruppe den Ausschlag gegeben zu haben.)

Um das Jahr 1820 jedenfalls — Gröden hatte gerade damit begonnen, die Bemalung seiner Spielwaren selbst vorzunehmen, und hatte sich damit, auch was den Handel betraf, aus der Abhängigkeit zu

Oberammergau befreit — soll der Handel mit Holzwaren schon ganz in die Hände der Grödner selbst übergegangen sein.

Um die Jahrhundertmitte werden noch *zahlreiche Hausirer, die eines mageren Profites wegen alle Entbehrungen ertragen, auf ihren Wanderungen in und außer Landes sich abmühen,* erwähnt (Johann Jakob Staffler, S. 423), doch ist damals schon der Hausierhandel ohne größere Bedeutung. Der Verkauf der Ware geht um die Mitte des Jahrhunderts in großem Stil fast nur noch über Verleger.
1877 geht selten mehr ein Einzelner selbständig hausiren (L. v. Hörmann, »Tiroler Volkstypen...« S. 252), und 1901 gehen *noch immer einige Grödner mit Spielsachen durch die Welt hausieren* (Edgar Astolfi, S. 199).

Die ungünstige Verkehrslage Grödens in seiner natürlichen Abgeschlossenheit, das bis zur Mitte des vorigen Jahrhunderts nur mühsam und auf Karrenwegen über Lajen nach Klausen oder über Kastelruth nach Bozen die Verbindung zur Außenwelt aufrechterhalten konnte, spiegelt sich wider in einigen Angaben für das Jahr 1855: Das nächste Postamt war in Klausen. In St. Ulrich war von der Post lediglich ein »Expediteur« angestellt, der vormittags eine und abends eine halbe Stunde in seiner »Kanzlei« anzutreffen war. In der übrigen Zeit »schnitzelte« er Spielzeug.

Ein- bis zweimal in der Woche ging von St. Ulrich nach Klausen ein Bote mit einem Korb auf dem Rücken und mit einem »Zegger« (eine Art Weidenkorb) am Arm. Er beförderte die Post, Tabak, Seife, Brot und Zucker. Briefe und kleinere Gegenstände konnten bei ihm für den Transport nach Klausen abgegeben werden bzw. man holte sich seine Post und gemachte Bestellungen wieder bei ihm ab. Der Weg, den dieser Bote zurücklegte, heißt heute noch »Poststeig«. In späterer Zeit ging noch ein zweiter Bote über Kastelruth nach Bozen, der denselben Dienst versah, nur daß er keine Post mitnahm. Ein Brief nach Wien z. B. brauchte zu damaliger Zeit ca. zwei Wochen, so daß mit einer Antwort nicht vor vier Wochen zu rechnen war. Wie sich diese langwierigen Postverbindungen zur Außenwelt auf Grödens Spielzeughandel auswirkten, kann man sich denken.

1846 wird von der »wohlgemeinten Idee« einer neuen Straßenanlage durch das Tal gesprochen, die wegen fehlender Mittel sehr wahrscheinlich eine Idee bleiben würde. Damals wurde als vordringlicher Zweck einer solchen Straße die Einfuhrmöglichkeit von Schnitzholz aus entfernteren Gegenden angenommen.

Immerhin hatten schon 1843 in St. Ulrich die Kaufleute Johann Baptist Purger und Johann Mathias Moroder auf eigene Kosten die Trassierung einer Straße von St. Ulrich nach Waidbruck aufnehmen lassen, deren Bau aber wegen zu hoher Kosten — es handelte sich immerhin um eine Gebirgsstraße — nicht in Angriff genommen werden konnte.

Purger, mit kurzer Unterbrechung von 1849—1859 Bürgermeister von St. Ulrich, setzte nochmals seine Energie und seinen ganzen Einfluß daran, einen zweiten Plan zum Bau der Straße erstellen zu lassen.

Diese am Grund der Schlucht zwischen Waidbruck und dem Grödner Hochtal, neben dem Dirschinger- bzw. Grödner Bach laufende Straße wurde tatsächlich gegen alle Widerstände gebaut und konnte am 26. Oktober 1856 eröffnet werden.

Es gibt eine genaue Beschreibung der Feierlichkeiten dieses für Grödens Wirtschaft so wichtigen Tages. Es muß damals ein einziges, großes Fest gewesen sein, das damit ausklang, daß abends »Beleuchtung« war ... *Unter fröhlicher Musik stiegen Raketen hoch in die Lüfte hinauf, und bengalische Feuer wurden abgebrannt. Alles Dinge, die in Gröden nie gesehen wurden, und daher mit der größten Aufmerksamkeit und Verwunderung betrachtet wurden. Um 9 Uhr abends war noch auf dem Platze bei hellem Lichterglanze ein Wogen, wie an einem kühlen Sommerabende auf einer Promenade in großen Städten. Erst gegen Mitternacht verschwand die Menge, während viele Fremde wegen Mangel an Betten die ganze Nacht beim Zechtische zubringen mußten. Voll der Freude und Zufriedenheit kehrte unter jovialischen Erzählungen der Einheimische in seine Wohnung zurück, manchen auswärtigen Fremden mitnehmend. Die Gegner des Straßenbaues verstummten schon an diesem Tage, und mußten unwillkürlich an der Freude der frohlockenden Menge Theil nehmen.*

Am anderen Tage früh erschallte das Posthorn durch die neue Straße, und weckte manchen aus seinen süßen Träumen, welcher froh war, daß diese in der vergangenen Nacht zur Wahrheit geworden waren (Joseph Anton Vian, S. 6 f.).

Die Kosten für diesen Straßenbau wurden schon innerhalb von 25 Jahren durch Mauteinnahmen getilgt, die am Mautschranken in Waidbruck erhoben wurden.

Was die neue Straße für den Transport der heimindustriellen Erzeugnisse bedeutet, sagen zwei Zahlen. 1855 konnte ein Pferd eine Last von 100 Kilogramm auf dem halsbrecherischen Weg über Lajen bzw. über Kastelruth transportieren, wobei pro Kilogramm ein Fuhrlohn von 5 Kreuzern zu entrichten war. — Auf der neugebauten Straße konnte ein Pferd 500 Kilogramm ziehen, wobei an Fuhrlohn pro Kilogramm ein Kreuzer zu zahlen war.

1868 wird Waidbruck Station an der 1867 eröffneten Brennerbahn, womit der Anschluß Grödens und seiner Heimindustrie an die Außenwelt vollzogen war.

Die Erleichterung des Warentransportes bringt einen deutlichen Aufschwung in der Spielzeugindustrie. Aus dem Jahre 1906 ist bekannt, daß täglich an die 30 Pferde mit Fracht von Gröden nach Waidbruck unterwegs sind, neben den Post- und Extrawagen.

1916 wird dann eine Schmalspurbahn von Klausen (538 m) bis nach Plan hinter Wolkenstein im innersten Gröden (1606 m) gebaut, deren Betrieb bis 1960 aufrechterhalten wird.

Ab 1890 gibt es eine Telegrafenstation in St. Ulrich, und 1905 wird das Tal an das Telefonnetz angeschlossen.

So hat sich für Gröden innerhalb von 60 Jahren vom abgeschlossenen Hochtal her die Öffnung zur Außenwelt hin ergeben.

Zölle

Für den mit Spielzeug in der Kraxe in die Welt gehenden Hausierer und in späterer Zeit für den Spielzeugverleger spielen Zoll- und Mautgebühren im In- und Ausland eine wichtige Rolle und verlangen eine genaue Kenntnis der jeweiligen Lage. Besonders im 18. Jahrhundert waren die Verhältnisse wegen häufiger Abänderungen der Zollverordnungen in den einzelnen Ländern unübersichtlich.

1761 soll wegen hoher Zölle das an Straßentransport gebundene Gewerbe im allgemeinen auf 1/3 zurückgegangen sein, weswegen 1763 die Transitsätze ermäßigt wurden.

1820 soll die Industrie im Süden Deutschlands durch die dortigen Mautgesetze gegenüber derjenigen Norddeutschlands begünstigt gewesen sein.

1829 werden die hohen Einfuhrzölle in fremde Staaten dafür verantwortlich gemacht, daß sich der Absatz von Grödner Ware »in den letzten 10 Jahren« nicht erhöht habe. 1785 gibt es in Österreich ein Einfuhrverbot für die sog. »Berchtesgadner Ware« — eine für Grödens Heimindustrie günstige Verordnung.

1818 ist der Transitverkehr durch Frankreich frei, sofern die Lieferungen für England, Amerika oder Spanien bestimmt sind und über einen Seehafen das Land verlassen.

Noch 1898 wird darüber geklagt, daß der Außenhandel durch verschiedene Handelsverträge sehr erschwert sei.

Für Grödens Spielwarenindustrie machten sich auch die Zollbestimmungen über das Sortieren der Ware bemerkbar. Heiligenfiguren und Spielzeug z. B. unterlagen verschiedenen Zollklassen; bemalte Spielsachen mußten in den meisten Staaten höher verzollt werden als unbemalte. Dabei galten als unbemalte, sog. »weiße Ware« auch Holztiere, die einen schwarzen Augenpunkt, schwarze Hufe, rote Mäuler, Krallen, Kämme und Schnäbel, bunte Räderbrettchen oder auch nur Räderbrettchen mit bunten Rädern hatten.

So lacht man in Gröden über die Geschichte, wo jemand eine Stube betritt, in der geschnitzt, gemalt, montiert — kurzum: fleißig gearbeitet wird. Nur der Großvater liegt auf der Ofenbank. Gefragt, ob er denn heute gar nicht arbeiten wolle, antwortet er: »Ich mache die Augenpunkte!« Was soviel bedeutet, daß er pro Tier zwei schwarze Punkte zu machen hat, mehr nicht (mdl. A. Adolf Senoner-Vastlé).

Am sog. Zollschranken in Waidbruck werden die Kisten mit Spielzeug als Ganzes gewogen. Das Gewicht der Verpackungskisten wird nach der Holzstärke des Deckels berechnet. Darauf fingen die findigen Grödner an, die Deckel aus starken Brettern und die übrigen Wände der Kisten aus möglichst dünnem Holz zu bauen, was einen höheren Gewichtsanteil für die Verpackung ergab (mdl. A. Adolf Senoner-Vastlé).

Diese großen Transportkisten wurden stumpf verleimt und mit Holznägeln zusammengefügt. Das Holz dafür lieferte, wie bereits erwähnt, die Nachbargemeinde St. Peter (mdl. A. Adolf Senoner-Vastlé).

Der Verleger und seine Arbeiter

All die Zollschwierigkeiten, Unsicherheiten in der Währung und politischen Unruhen lassen deutlich werden, wieso neben der Entwicklung von Grödner Spielzeug zur Massenware zu Anfang des 19. Jahrhunderts der Auslandshandel mehr und mehr in die Hände der aus dem Boden schießenden Großhandelsfirmen, der sog. Spielzeugverleger, überging. Das Ausklügeln günstiger Frachtwege mit den günstigsten Zollvorschriften allein schon verlangte die ausschließliche Beschäftigung mit dieser Materie, abgesehen davon, daß die seit den zwanziger Jahren einsetzende Massenproduktion von den Hausierern allein nicht mehr zu bewältigen war. Anfangs mag der Verleger dem auswärts ansässigen Grödner Händler für seine Niederlassung als Vermittler gedient haben.

Von 1823 wird berichtet: *Die ganze Woche wird der Arbeit gewidmet, des Sonnabends packt der Arbeiter seine fertigen Stücke zusammen und liefert sie gegen bare Bezahlung in die Magazine, deren es in der Gemeinde St. Christina eins, in St. Ulrich aber 5 gibt. Von den Magazineurs, oder sogenannten Verlegern wird die Waare in Kisten geschlagen und nach den Bestellungen der Landsleute in's Ausland spediert* (Stephan, Edler von Keeß, »Beschreibung der Fabricate . . .«, S. 142).

Die Gründung einer Verlegerfirma vollzog sich vermutlich im Verlaufe geglückter Geschäftsreisen einzelner Hausierer und auf Grund von Anfragen der auswärtigen Niederlassungen. Genau wie bei dem Beginn der Spielzeugschnitzerei im Tal ist auch die Gründung von Verlegerfirmen, zumindest in der ersten Hälfte des 19. Jahrhunderts, nur als Entwicklung zu sehen. So scheint es nicht möglich, exakte Daten für Firmengründungen zu geben. Vielmehr wird man auf die mündliche Überlieferung innerhalb der alten Verlegerfamilien angewiesen sein. Eine klare Grenze zu ziehen, ab welchem Datum ein Hausierer zum Verleger wird, ist schwierig, da die Übergänge fließend sind.

Die Firma Insam & Prinoth führt ihre Gründung z. B. auf das Jahr 1820 zurück. Vater und Sohn Insam gründen bald zusammen mit Frau Agnes Prinoth die unter beiden Namen laufende Firma mit Sitz in St. Ulrich und Nürnberg. In späterer Zeit kommt eine Niederlassung in London hinzu (mdl. A. Alex Moroder).

Die Firma Vinzenz Senoner — heute Spielwarenfabrik SEVI — geht auf das Jahr 1831 zurück (mdl. A. Adolf Senoner-Vastlé).

Zu den ersten Verlegern sollen auch der Mesner der Kirche in St. Ulrich, Joh. Dominik Moroder, und der Vater Johann Baptist Purger, Josef Purger, Sattler zu Pana in St. Ulrich, gehört haben. Es folgen die Senoner da Costa sowie Franz, Ulrich und Josef Insam da Brida, Mahlknecht da Palmer und Runggaldier da Janong (mdl. A. Adolf Senoner-Vastlé; Alex Moroder).

1846 werden als bedeutendste Verleger genannt Josef Insam (Firma Insam & Prinoth) und Johann Baptist Burger (Firma Joh. Bapt. Purger).

1880 sollen in St. Ulrich zwölf, in St. Christina ein und in Wolkenstein vier Verleger gearbeitet haben, deren Zahl nach der Jahrhundertwende auf 30 ansteigt, wobei nun schon in zunehmendem Maße neben Spielzeug auch Bildhauerarbeit vertrieben wird.

Um die gleiche Zeit werden als große Verlegerhäuser im Tal acht angegeben, und zwar in St. Ulrich drei, ebenso viele in St. Christina und zwei in Wolkenstein.

Vor Ausbruch des Ersten Weltkrieges sind als bedeutendste Spielwarenverleger in St. Ulrich die Firma Insam & Prinoth, Johann Baptist Purger, Gebrüder Moroder und J. B. Mauroner genannt.

Die am häufigsten genannten Verleger sind die Firmen Insam & Prinoth und Purger. Ihre Warenlager werden auch 1875 als die größten beschrieben. Allerdings hat Purger zu dieser Zeit bereits sein Lieferprogramm zum größten Teil auf sakrale Kunst umgestellt, während Insam & Prinoth noch ganz auf Spielzeug eingestellt ist, das die Firma dann auch bis zum Beginn des Zweiten Weltkriegs neben kirchlicher Kunst anbietet.

Die Arbeit der Verleger besteht einerseits darin, sich Märkte für die Ware zu erschließen, andererseits die von den Heimarbeitern gelieferte Ware zu sortieren, zu verpacken und zu verschicken.

1852 schreibt J. G. Kohl über Verlegerarbeit in Nürnberg, was auch für Gröden Gültigkeit haben könnte, daß nämlich *eine viel größere Gattung von Verständnis und Speculationsgeist dazu gehört, die Waare zu v e r s c h l e i ß e n, als sie zu e r z i e l e n. Der Producent braucht blos sein Rind oder seinen Löwen ... oder überhaupt das Partikelchen des Kosmos, dem er sich einmal gewidmet hat, zu kennen, und er vervielfältigt ihn dann mit Leichtigkeit, so oft man es verlangt ... Der Engros-Händler muß aber gleichsam stets den ganzen Kosmos (oder Mikrokosmos) vor Augen haben. Und er muß nicht nur die ... Waarengattungen kennen, sondern auch die ... verschiedenen Moden und Arten des Geschmacks ... zu beurteilen wissen* (S. 22).

Im allgemeinen wird, wie auch in den anderen Spielwaren-Heimindustrien, von der Ausbeutung der Arbeiter durch die Verleger geschrieben, ja sogar der Begriff »Vampir« taucht einmal in bezug auf Grödner Verleger auf. Tatsächlich gibt es Fehlentscheidungen der Verleger und unnötige Härten gegenüber den Arbeitern. So ist z. B. die sofortige Bezahlung der abgelieferten Ware in bar üblich. Es gibt aber auch Verleger, die gleichzeitig Krämerläden führen und den Schnitzer, mindestens zum Teil, in Naturalien entlohnen (ein System, das auch aus anderen Heimindustrien bekannt ist); es ist dies ein Geschäftsgebaren, das Ludwig von Hörmann 1871 zu Recht anprangert. So schreibt er, daß der

Verleger den Schnitzer häufig mit seiner eigenen Ware entlohnt, *die er sich im Verlagsgewölbe des Herrn holen kann, und zwar zum V e r k a u f s p r e i s, der oft den Entstehungspreis um's dreifache übersteigt. Der arme Schnitzer mag dann sehen die Waare auf gut Glück los zu werden* (Ludwig von Hörmann, »Gröden und seine ...«, S. 275).
Verhängnisvoll für den Schnitzer wirkt sich auch das gegenseitige Unterbieten der Preise aus, sowohl hinsichtlich der verschiedenen Konkurrenzgebiete bei gleicher Ware wie auch der einzelnen Verleger Grödens untereinander.
In Sonnebergs Heimindustrie wird z. B. 1781 geklagt: *Wie viel wichtiger würde diese Handlung noch sein, wenn nicht die Sonneberger und Neustädter Kaufleute aus einer lächerlichen und höchst strafbaren Eifersucht ihre Ware heruntersetzten und denen Ausländern fast ohne allen Profit aufdrängten; ihres dabei leidenden Schadens halber sich wiederum an den armen Arbeitern zu erholen suchen, welche dagegen auch mit ihren Waren selbst auf die Messe laufen, und diese wohlfeiler als die Kaufleute geben können, wodurch denn einer mit dem andern verdirbt und das daraus entstehende uebel beinahe unheilbar wird* (nach Ernst Rausch, S. 21).
Ein Jahrhundert später als diese Klage aus Sonneberg, versuchen Grödens Verleger, sich im gegenseitigen Konkurrenzkampf durch herabgesetzte Verkaufspreise die Kunden abzuwerben, wodurch die Erzeugerpreise ebenfalls gedrückt werden.
Moroder schreibt 1891 über die daraus entstehenden Folgen für Grödens Heimindustrie ... *daß die schlecht bezahlten Arbeiter, die bei manchem Artikel sich kaum mehr des Hungers erwehren können, die meisten Artikel selbst schlechter machen, so daß die Grödner Spielwaren ihrer Ordinärheit wegen in Verruf kommen, anstatt daß man unter Aufbesserung der Preise oder wenigstens unter Beibehaltung der alten, immerhin sehr billigen Preise, viel mehr eine allgemeine Aufbesserung der Artikel und dadurch auch des beiderseitigen Verdienstes anstreben würde, was in Gröden ganz gut realisierbar wäre, da sehr viele Grödnerspielwaren außerhalb jeder Konkurrenz von auswärts stehen* (Franz Moroder, S. 76).
Es fehlt hier in Grödens Heimindustrie bei den Verlegern das Bewußtsein für die hohe Verantwortung des Unternehmers dem Arbeiter gegenüber, was in gewisser Weise z. T. als Zeiterscheinung hingenommen werden mag.
Die Lage der mehr und mehr verarmenden Schnitzer und Malerinnen, besonders ab der zweiten Hälfte des 19. Jahrhunderts, ist nicht zu vergleichen mit derjenigen z. B. Oberammergaus. Hier sind immer wieder Initiativen von seiten einzelner Verleger und der Gemeinde festzustellen, um schlimmste Not abzuhalten und die verarmenden heimindustriellen Arbeiter zu schützen.
Auch seitens der Verleger in Gröden mag es Hilfsaktionen für bedürftige Arbeiter gegeben haben. Es handelt sich aber mehr um Einzelfälle, die naturgemäß weniger bekannt werden. So ließ z. B. die Firma SEVI eine alte Frau, die ihr ganzes Leben lang Pferde geschnitzt hatte, auch dann noch weiterar-

beiten, als es schon lange keinen Absatz mehr für Alt-Grödner Ware gab. Die Pferde lagerten auf dem Dachboden des Verlegers und bis 1958, d. h. bis zum Tode der Frau, ließ Herr Senoner sich von ihr Pferde liefern.

Aus der Zeit vor der Spielzeug-Heimindustrie ist bekannt, daß Peter Runcaudie, ein Geistlicher aus Gröden († 1752), für arme Studenten, Handwerker und Schnitzer aus Gröden die sog. »Peter-Runggaldier-Stiftung« errichtete. Sie bestand rund 200 Jahre lang, bis ca. 1924, und kam für besondere Notfälle auf, somit auch für Arbeiter der Spielzeug-Heimindustrie (mdl. A. Christian Moroder).

Das oft in relativ kurzer Zeit erworbene Vermögen der Verleger und die gleichzeitige Verarmung der Arbeiter läßt die Frage nach der Gewinnspanne aufkommen, mit der in Grödens Großhandel gearbeitet wurde. Darüber können exakte Angaben aus den noch vorhandenen Unterlagen des späten 19. und frühen 20. Jahrhunderts bis hin zum Ende der Heimindustrie nicht gemacht werden. Lediglich Herr Adolf Senoner-Vastlé erinnert sich an seinen Großvater Vinzenz Senoner, der als Spielzeugverleger mit einer Gewinnspanne von 6% arbeitete, wovon allerdings noch sämtliche Unkosten abzuziehen wären.

Über die Verleger wird 1864 geschrieben: *Durch diese Einrichtung erging es in Gröden wie an allen anderen Orten. Die Verleger kamen zu einem erwünschten Wohlstand, die Arbeiter dagegen blieben, und werden bei ihrer Dürftigkeit verbleiben. Aus diesem darf man aber nicht schließen, daß in Gröden alle Verleger reich, und alle Schnitzer und Anstreicher arm sind. Vielmehr viele arbeitsame und sparsame Arbeiter haben es sogar zu einem ziemlichen Wohlstand gebracht, durch welchen auch künftige Generationen bei vernünftiger Gebarung ihres Vermögens versorgt sein können* (Joseph Anton Vian, S. 35f.). Hier ist nicht klar, ob es sich um Spielzeugschnitzer handelt oder ob Bildschnitzer gemeint sind, da die Verarmung der »Schnitzler« in der 2. Hälfte des 19. Jahrhunderts schon weit vorangeschritten war.

Über den Reichtum der Verleger schreibt ein Bericht aus dem Jahre 1880: *Übrigens würde man arg getäuscht sein, wenn man bei den Großhändlern in Gröden jenen Luxus und vornehmen Ton suchen wollte, wie er ihrem Stande nach modernen Begriffen entsprechen sollte. Sie sind die einfachsten Leute von der Welt, halten sich an die Sitten und Gebräuche ihres Thales, und leuchten durch Einfachheit und Sparsamkeit all jenen mit gutem Beispiele voran, die etwa zu Ausschreitungen geneigt wären, was bei jüngeren Leuten, die ein größeres Einkommen haben, nicht selten vorkommen soll. Sparsamkeit aus Liebe zum Besitz ist die Haupteigenschaft aller wohlhabenden Leute in Gröden, die sich dadurch zu Herren nicht blos der gewerblichen Produktion, sondern auch von Grund und Boden gemacht haben, und daher gegenüber der ihnen dienstbaren Arbeiterbevölkerung eine soziale Oligarchie bilden, deren Wirkung solange nicht verspürt wurde, als Holz im Überflusse vorhanden, die Preise der Schnitzwaren hoch und der Verdienst sohin ein reichlicherer war.*

Unter Verhältnissen aber, wie sie sich seither entwickelt haben, ist ein solcher Zustand unhaltbar. Dies wird allgemein anerkannt und insbesondere auch von den einflußreichen und angesehenen Verlegern in ihren Berichten hervorgehoben (Johann Angerer, S. 169).

So hat sich die Korrespondenz eines Verlegers aus dem Jahre 1927 erhalten, in der mehrere Briefe wegen des Preises für eine Fahrkarte zur Leipziger Messe gewechselt wurden. Nach allen Bemühungen entschloß sich dieser Verleger denn endlich zu einem Billet dritter Klasse, obgleich er zu den Reichsten des Tales gezählt wurde.

Die Arbeitsweise der Verleger richtete sich sowohl nach den Transportmöglichkeiten der Zeit wie auch nach der Größe der jeweiligen Firma. Eine Form, die Ware an den Mann zu bringen, findet sich ebenso in den Anfängen des Verlegerwesens wie auch in späterer Zeit bei kleineren Unternehmen. Über die Arbeit seines Großvaters Vinzenz berichtet Adolf Senoner-Vastlé, daß dieser einmal zusammen mit seinem Hausknecht und Packer Ferdinand zu einer Messe nach Modena aufbrach. Sie hatten zwanzig Kisten Spielzeug mit, und als nach dem ersten Tage auf der Messe der Inhalt der ersten Kiste verkauft war, legte sich Ferdinand zum Schlafen in diese Kiste, um auf diese Weise die restlichen neunzehn Kisten zu bewachen; der Händler selbst ging zum Übernachten ins Gasthaus.

Der gleiche Verleger sprach besser italienisch als deutsch — neben ladinisch, natürlich — und ließ sich die deutschen Geschäftsbriefe von seiner Frau schreiben, die er dann allerdings sämtliche noch einmal abschrieb, damit kein Brief seiner Firma von Frauenhand geschrieben das Tal verlasse! (mdl. A. Adolf Senoner-Vastlé).

Der Sohn dieses Vinzenz Senoner war der erste, der eine Art Werkstatt gründete, gewissermaßen Ansätze zu einer Fabrik. Er beschäftigte anfangs fünf Arbeiter, die im Hause malten, montierten und verpackten. Dies wurde Grödens erste angemeldete Verlegerwerkstatt »SEVI«, die sich zur heute einzigen Spielwarenfabrik des Tales mit ca. 120 Arbeitern und 200 Heimarbeitern entwickelte. Es ist eine Fabrik, die heute noch Holzspielzeug — z. T. inspiriert von Alt-Grödner Spielwaren, aber in moderneren Formen — herstellt und in die ganze Welt bis hin nach Nordamerika, Japan und Australien liefert (mdl. A. Adolf Senoner-Vastlé).

Grödens Verleger hatten normalerweise keine eigene Werkstatt; lediglich die großen Transportkisten wurden bei einem Teil der größeren Verleger in eigener Schreinerei angefertigt. Kleinere Firmen ließen die Kisten in selbständigen Schreinereien herstellen (mdl. A. Johann Malsiner, Adolf Senoner-Vastlé).

In festem Arbeitsverhältnis stehen beim Verleger neben den Büroangestellten auch Hilfsarbeiter (manchmal Hilfsarbeiterinnen), die alle anfallenden Arbeiten zu erledigen haben, angefangen von kleineren Montier- und Klebearbeiten bis hin zum Sortieren, Packen und Transportieren der Ware. Auch Boten- und Fuhrdienste werden von ihnen geleistet. Vom Boten mußte z. B. Ware vom Schnitzer geholt werden, sofern eilige Aufträge vorlagen, oder es mußten Schnitzereien zum Anmalen gebracht werden. Um Ware aus einem Nachbarort zu holen, mußte noch in den zwanziger Jahren eine Kuh eingespannt werden. Ins Fassatal hinüber wurde, wie bereits erwähnt, mit zwei vorgespannten Pferden gefahren (mdl. A. Johann Malsiner).

Gearbeitet wurde zu Anfang unseres Jahrhunderts von 7—12 und von 13—19 Uhr. Oft wurden abends noch bis zu zwei Überstunden ohne Entgelt gemacht; Sonntags war frei (mdl. A. Johann Malsiner).

Aus der gleichen Zeit erzählt Robert Moroder, daß sein Vater als junger Schnitzer sonntags von acht bis elf oder zwölf Uhr die Fachschule besuchen »konnte«.

Die Büroangestellten der Verleger erledigten die übliche Arbeit, wobei sie auch Aufträge an Schnitzer und Malerinnen zu vergeben hatten und die Warenannahme mit Auszahlung der Arbeiter regelten.

Die Korrespondenz wurde in mehreren Sprachen geführt. Englisch, Italienisch, Deutsch und Französisch herrschten vor. Problematisch war, hinsichtlich der Verständigung, die Verbindung zu östlichen Staaten. Hier waren es häufig die Inhaber kleinerer Geschäfte, mit denen verhandelt werden mußte und denen keine Fremdsprache geläufig war.

Sämtliche ausgehende Korrespondenz wurde auch schon zu Ende des 19. Jahrhunderts — bei größeren Firmen — mit einer einfachen Kopiermaschine ins »Copierbuch« übertragen. Auf diese Weise wurde die ausgehende Korrespondenz innerhalb und außerhalb des Tales festgehalten.

Neue Geschäftsverbindungen wurden vielfach durch den Verleger anläßlich des Besuches von Messen angeknüpft. Aber auch auf andere Weise wurde versucht, den Kundenkreis auszudehnen. Dabei erwies sich die Arbeit mit Vertretern als problematisch, da sich oft herausstellte, daß der Versuchung, direkt mit den Schnitzern zu arbeiten und so — unter Umgehung des Verlegers — den vollen Verdienst einzustecken, nicht leicht widerstanden wurde.

Es wurden auch schon Ende des vorigen Jahrhunderts alte Geschäftspartner mit Rückantwortkarte angeschrieben und um entsprechendes Adressenmaterial gebeten. Vielfach wurden bei Verlegern, die bereits mit sakraler Kunst handelten, auch Pfarrämter um Anschriften von Geschäften gebeten, die Spielzeug vertrieben. Für diese Arbeit wurde in den Büros viel Zeit aufgewendet.

In den zwanziger Jahren unseres Jahrhunderts lieferten dann sog. Adressenkarteien die gewünschten Anschriften, nach Sachgbieten und Ländern sortiert, wobei es aber viel Ärger mit veraltetem Material gab und wobei viel Prospektmaterial mit Vermerken wie »Adressat« verstorben«, »Adressat verzogen« usw. zurückkam.

Man kann in Grödner Korrespondenzen nachlesen, daß vor dem Ersten Weltkrieg schon Ware nicht nur in Konkurrenzgebiete verschickt wurde, sondern daß notfalls auch Verleger sich gegenseitig inner-

halb des Tales belieferten, wenn es sich um eilige Aufträge handelte und wenn das eigene Lager die betreffende Ware gerade nicht führte.
Die Arbeit bei kleinen Verlegerfirmen wurde, soweit möglich, durch Familienangehörige erledigt. Vergrößerte sich die Firma, mußten zusätzliche Arbeitskräfte eingestellt werden.
Immer wieder werden Kunden um frühzeitige Abgabe von Bestellungen gebeten. 1912 heißt es z. B. in einem Brief: »... *Wir möchten Sie daher im Interesse weiterer egaler, flotter Lieferung bitten, uns jetzt wieder und größere Bestellung ... zugehen lassen zu wollen. Wir hatten den Leuten, weil gerade sie die für den Artikel am passendsten sind, Arbeit für den ganzen Winter zugesagt und möchten sie natürlich weiterbeschäftigen ... Wenn wir ihnen eine andere Beschäftigung geben müßten, würde es wieder eine Zeit dauern, bis sie sich bei späterer Bestellung ... eingearbeitet hätten. Zudem setzt mit Feldarbeitsbeginn die Schnitzarbeit alljährlich aus. Haben Sie keine neuen Artikel zur Ausführung?«*
— Hier klingt der Konkurrenzkampf innerhalb des Tales um die besten und billigsten Arbeiter an. Mit Hinweis auf die sommerliche Arbeitspause, die inzwischen aber nur einen sehr kleinen Teil der Schnitzer betraf, wird auch immer wieder versucht, sich frühzeitig Bestellungen zu verschaffen und die billigsten — für feine Ware die besten — Arbeiter unter Kurzzeitverträge zu nehmen. »Haben Sie neue Artikel zur Ausführung?« ist eine Anfrage nach neuen Spielzeugmustern.
Ebenfalls das Problem, sich günstige Arbeiter zu sichern, beschreibt ein Brief aus dem gleichen Jahr: *... der hierfür vorhandene beste Arbeiter ist schon ziemlich an Jaaren und spart sich die kleinen Arbeiten bis in die hellere Zeit auf, wo er seine Augen nicht mehr so anstrengen muß ... Unsere Probe neue Leute anzustellen, ist insofern mißlungen, als diese gerade das Doppelte verlangen als unser bisheriger Arbeiter. Auf Lieferung können Sie voraussichtlich sicher rechnen, doch müssen wir um Geduld bitten.*
Neue Leute anstellen, bedeutet hier nicht, sie in ein festes Arbeitsverhältnis zu nehmen, sondern höchstens Bestellungen bei ihnen aufzugeben bzw. kurzzeitige Lieferverträge mit ihnen abzuschließen.
Dieser Kampf um die günstigsten Schnitzer schränkt die Lieferkapazität der Verleger in Hinblick auf die Lieferzeit ein.

Das Verlegerhaus

Bei Firma Insam & Prinoth arbeiten um die Jahrhundertwende zwei Büroangestellte und vier Packer. Nebeneinander standen das Verlegerhaus und ein — leider inzwischen abgerissener — »Stadl«. In diesem Stadel war das Lager untergebracht.
Im Haus daneben waren im ersten Obergeschoß das Büro und der Raum für Montage und Verpackung. Hier saßen die vier Arbeiter an einem langen Tisch und packten bestellte Ware ab. Dabei hatte jeder

eine Art verstellbaren Rahmen vor sich, in den Schnur und Packpapier eingelegt wurden. In dieses Papier stapelten die Packer die Ware die durch den Rahmen zusammengehalten wurde, damit sie nicht verrutschte (mdl. A. Julie Giovanardi).
Gröden lieferte in Dutzend und Gros, wobei je nach Art des Artikels unterteilt wurde in 1/8, 1/4, 1/2, 3/4 Gros bzw. Dutzend usw.
Die Pakete, meist in graues oder blaues Packpapier verschnürt, wurden im Stadel gelagert oder zum weiteren Verpacken in Versandkisten ins Erdgeschoß gebracht, von wo aus sie, bis zum Anschluß Grödens an das Eisenbahnnetz, mit Pferdewagen weiterbefördert wurden.
Aus der Zeit um 1875 wird erzählt, daß die Verpackungskisten, die vor der Tür eines Verlegers standen, groß genug gewesen wären, um ein Klavier aufzunehmen.
Im zweiten Obergeschoß lag die Wohnung des Verlegers, und im Dachgeschoß war eine Musterkollektion im sog. »Musterzimmer« untergebracht; das war ein holzvertäfelter Raum zum Vorweisen des Grödner Spielzeugs für Aufkäufer und auch für »höhere Persönlichkeiten« zur Besichtigung bestimmt. Die letzte Inhaberin der Firma Insam & Prinoth konnte sich noch daran erinnern, daß in ihrer Jugend der belgische König — ein begeisterter Dolomitenfreund — anläßlich eines Besuches in Gröden das Musterzimmer besichtigte, wobei sie mit ihrer Schwester in weißen Kleidern zugegen sein durfte (mdl. A. Julie Giovanardi).

Das Lager

Das schon an anderer Stelle erwähnte Lager der Firma soll hier in einer Beschreibung aus dem Jahre 1873 noch einmal vorgestellt werden: ... *ich wüßte nicht, wann vorher ich je etwas so Merkwürdiges und so Vergnügliches gesehen hätte ... Wir wurden durch mehr als dreißig große Lagerräume geleitet. Zwölf dieser Räume waren voller Puppen, die nach millionen zählten: große und kleine, bemalte und unbemalte, in Tonnen, in Kästen, auf Regalen und in bereits zum Export fertigen Paketen.*
In einem Zimmer, das winzigen Puppen vorbehalten war, Lilliputaner von nicht mehr als 4 cm Länge, lagen sie in einem Haufen durcheinander, buchstäblich vom Fußboden bis an die Decke, und sahen so aus, als hätte man sie hier einfach von den Handkarren heruntergekippt.
Ein anderer Raum enthielt nur Pferde, zwei weitere waren für Wagen reserviert. Ein langer Korridor stand voller Holzplatten, auf die schließlich Pferde befestigt werden sollten. Ein weiteres Zimmer enthielt Puppenköpfe. Der große, nur spärlich beleuchtete Dachboden stand voller enormer Fässer, wie ein Weinkeller, und jedes Faß war gehäuft voll mit separat gehaltenen Spielsachen verschiedener Art, alle noch aus Rohholz, die darauf warteten, bemalt zu werden. Die Keller enthielten die gleiche Ware, aber bereits bemalt und verkaufsfertig (Amelia Edwards, S. 374 f.).

Verträge zwischen Verleger und Schnitzer

Zwischen Schnitzer und Verleger bestanden in Ausnahmefällen Verträge, die sich sowohl auf die Liefermenge wie auch auf die Bindung des Arbeiters an einen bestimmten Verleger für eine bestimmte Zeitspanne beziehen konnten. Im vorigen Jahrhundert soll es Verträge gegeben haben, die bei Jahresbeginn geschlossen bis zum zweiten St.-Ulrichs-Kirchtag im Oktober Gültigkeit hatten und den Arbeiter während dieses Zeitraumes verpflichteten, für einen festen Stücklohn nur an einen bestimmten Verleger zu liefern.

Um die Jahrhundertwende verringert sich diese Vertragsdauer auf vierzehn Tage bis zu sechs Wochen; und noch vor dem Ersten Weltkrieg wird berichtet, daß es in Grödens Heimindustrie keine Verleger-Schnitzerverträge mehr gäbe.

Die Lage um diese Zeit mag der Brief eines Verlegers erhellen: *Es dürfte Eu. Wohlgeboren bekannt sein, daß bei den Arbeitern der Heimindustrie der Umstand da und dort zu Tage tritt, eingegangene Verträge und mündliche Verabredungen nicht immer halten zu wollen. Es zeigt sich dies gewöhnlich dann, wenn den Leuten möglicher Weise später von anderer Seite eine Bestellung erteilt wird, bei der sie vielleicht glauben etwas günstiger zu fahren.*

Wir haben diese Erfahrung ... stets zu unserem Nachteil machen müssen. Wir haben Fälle, bei denen sich die Arbeiter schriftlich zur Lieferung des bestellten Quantums zu den vereinbarten Spesen und zu dem entsprechenden Leittermin verpflichteten. Sie lassen aber den stipulierten Leittermin ruhig verstreichen. Wenn man sich dann genauer über die Sache erkundigt, heißt es gewöhnlich »Ja, ich hab jetzt für den oder den das und das machen müssen und fehlt mir für Ihre Arbeit die Zeit.« Dieses Verfahren ist gewiß ganz gegen die Auffassung, die man sonst über Treue und Glauben hat, denn im Geschäftsleben ist ja jeder verpflichtet das, was er versprochen hat, auch pünktlich und genau einzuhalten, ob sich nun die Konjunktur so oder so stellt.

Das Auffallendste bei diesem Verfahren ist, daß die Arbeiter es gewöhnlich verstehen, falls eine Konjunktur sich zu ihren Ungunsten entfaltet, auf die Abnahme der gekauften Waren zu dringen.

Von dieser Seite her gesehen, lohnten sich allerdings Verträge zwischen Schnitzern und Verlegern nicht mehr.

Ablieferung der Ware beim Verleger

Die Schnitzer lieferten anfangs ihre Ware am Sonntag nach der Frühmesse bei den Verlegern ab, bis Kurat Josef Anderlan (Primiz 1796) diesen Sonntagshandel abschaffte, und der Ablieferungstag auf Samstag gelegt wurde. Nur weiter entfernt wohnenden Heimarbeitern war es erlaubt, die Ablieferung der Wochenerzeugnisse anläßlich des sonntäglichen Kirchganges vorzunehmen.

1875 erzählt eine Engländerin: *Besonders am Samstag nachmittag kann man sehen, wie Männer, Frauen, Jungen und Mädchen von »menschlichen Horsten« herabströmen, von Heimstätten aus entfernten Tälern kommen, ihre Wochenarbeit entweder im Handkarren oder in Körben auf ihren Rücken abzuliefern* (Margarit Howitt, S. 776).
Und 1877 wird erzählt, daß *Burschen, Mädchen, Männer und Frauen bald vereinzelt, bald paar- oder truppweise am Ablieferungstage mit verdeckten Körben in die Wohnungen der Verleger eilen, um ihre Wochenarbeit zum Verkaufe anzubieten* (G. Dahlke, S. 345 f.).

Export

Was auf diese Weise dem Verleger ins Haus gebracht wird, ist tatsächlich eine unvorstellbare Menge an Spielzeug. Die folgenden, in der Mehrzahl geschätzten Zahlen mögen ein ungefähres Bild von Grödens Lieferkapazität geben. Noch einmal muß darauf hingewiesen werden, daß in diesen Zahlen ab der Mitte des 19. Jahrhunderts in steigendem Maße Bildhauerarbeiten — auch ganze Altäre — enthalten sind. Vor dem Ersten Weltkrieg soll bereits die Hälfte der Ware, die das Tal verläßt, aus Statuen und Altären bestehen — die andere Hälfte setzt sich immer noch aus Spielzeug zusammen.
Die erste Jahreszahl in der Liste bezieht sich auf die Herausgabe des angezogenen Berichtes.
(1 Zentner = 100 Pfund = 56 kg)

1820 1802—1805 jährlich beinahe 1000 Ztr.
1807 wöchentlich 5 Kisten à 150 fl = 39.000 fl und 15.000 fl durch Hausierer usw. zusammen jährlich Ware für 54.000 fl.
1820 1805—1814 jährlich 400—500 Ztr.
1814 Export für 30.000 fl.
1820 1814—1818 jährlich 1200—1300 Ztr.
1818 260 Kisten à 150 fl. = 39.000 fl jährlich dazu Ware, die durch Hausierer verkauft wird.
1823 400 Kisten jährlich = 40.000 fl.
1838 wöchentlich ca. 5 Kisten à 150 fl = 39.000 fl und 5000 fl durch Hausierer = 44.000 fl jährlich
1843 jährlich ca. 2750 Ztr. = 145.000 fl.
1914 1849—1853 durchschnittlich 3746 Ztr. jährlich
1877 1857 jährlich 4999 Ztr. = 83.000 fl.
1914 1860 — 6172 Ztr.
1868 1864 — 6436 Ztr.
1868 1865 — 6700 Ztr.
1868 1866 — 6666 Ztr.
1868 1867 — 7580 Ztr.

1877 jährlich 8000 Ztr.
1880 jährlich für 240.000—270.000 fl.
1914 1890 jährlich 10.900 Ztr. (= 611.000 kg)
1914 1900 jährlich 748.000 kg
1914 1910 jährlich 737.000 kg
1914 1913 jährlich 677.000 kg

Zwischen den beiden Weltkriegen nimmt der Export von Grödner Spielzeug immer weiter ab, bei gleichzeitiger Zunahme der Ausfuhr von Zier- und Halbgebrauchsgegenständen neben sakraler Kunst. Grödner Holzspielzeug hatte im Verlaufe des 19. Jahrhunderts weltweit Verbreitung gefunden. Um 1860 gibt es Lieferungen nach Neuseeland und Australien — ganz zu schweigen von dem afrikanischen und dem nord- und südamerikanischen Markt.

Ausstellungen

Bei den Bemühungen um neue Absatzgebiete zeichnet sich wieder besonders der um Grödens Heimindustrie und um die Erschließung des Tales durch die neue Straße verdiente Johann Baptist Purger aus. 1854 schon stellt er auf der allgemeinen deutschen Industrieausstellung in München Grödner Spielzeug vor und *hatte die bedeutendste Ausstellung in Gliederpuppen, unangestrichenen Figuren, besonders Hampelmännern und anderes Spielzeug, wofür die Firma mit der »Ehrenmünze« ausgezeichnet wurde* (Fr. B. W. von Hermann, S. 109).
Auch 1862 wird auf seine Veranlassung hin Grödner Ware »in großem Maßstabe« auf der Londoner Weltausstellung gezeigt. 1868 zwar schreibt v. Eitelberger: *Auf den verschiedenen Weltausstellungen hat man ... Gelegenheit gehabt, die Grödner Industrie kennenzulernen: Sie hat auf denselben eine sehr untergeordnete Stellung eingenommen, keinerlei Verbesserung wurde im Laufe der Jahrzehnte wahrgenommen* (R. von Eitelbergen, S. 581).
In späteren Jahren allerdings, z. B. 1873 in Wien und 1878 in Paris gibt es für Grödner Ware Anerkennungsurkunden und Medaillen auf Weltausstellungen, ebenso wie auf kleineren Ausstellungen, wie z. B. in Innsbruck, anläßlich der Tiroler Landesausstellung von 1893 (mdl. A. Adolf Senoner-Vastlé).

VII Versuch einer Genossenschaftsbildung

Alle Erfolge der Grödner Spielzeugindustrie sind belastet durch das ungelöste soziale Problem der heimindustriellen Arbeiter. In der Literatur der zweiten Hälfte des 19. Jahrhunderts findet sich immer wieder die Frage nach einer Genossenschaft oder nach irgendeiner Form von Interessengemeinschaft der verarmenden Schnitzer und Malerinnen.

1895 besteht der Plan die *Grödner Spielwarenerzeuger durch die Bildung einer Rohstoff- und Magazins-Genossenschaft aus der drückenden Abhängigkeit von den dortigen Verlegern zu befreien und auf diesem Wege die commerziellen Verhältnisse zu bessern* (Tiroler Bote: »Die Industrie im Grödnerthale« S. 1779). Aber im Tal selbst ergreift dann doch niemand die Initiative.

Merkwürdigerweise schließen sich auch die Verleger nicht zusammen, um den unnötigen Konkurrenzkampf untereinander, der allen zum Schaden gereicht, zu beenden.

Am 10. April 1910 unternehmen 40 Bildhauer unter Förderung durch die k. k. Regierung in Wien den Versuch einer »Ersten Produktivgenossenschaft für Erzeugung kirchlicher Kunstgegenstände, GmbH«. Es ist dies tatsächlich im Tal der allererste Versuch eines Zusammenschlusses von Bildschnitzern, da es ja auch zu Beginn der Bildhauerei in Gröden keine Bruderschaften bzw. Zünfte gegeben hatte. Die Reaktion auf diesen ersten Vorstoß in Richtung auf einen Zusammenschluß von Arbeitern macht deutlich, wieso die weniger gebildeten und ärmeren Spielzeughersteller sich nie an eine Vereinigung herangewagt haben. Mardersteig veröffentlicht im Juli 1910 zwei Artikel, von denen der erste folgenden, die Lage verdeutlichenden Wortlaut hat.

Allgemeiner Tiroler Anzeiger Nr. 159 vom 16. Juli 1910: »Kampf gegen eine Genossenschaft.«

Aus St. Ulrich wird berichtet, daß die Verleger der Grödner Industrie an die dortigen Meister ein Schreiben gerichtet haben worin es heißt, daß jene sich dahin geeinigt haben, daß sie sich bei Zustandekommen einer Organisation zusammenschließen und sich zunächst kontraktlich unter Konventionsstrafe verpflichten, Mitgliedern der Organisation keine Arbeit mehr zu geben. (!) Dieser neue Gewaltstreich, den man gegen die Genossenschaft führen will, hat natürlich großen Unwillen hervorgerufen. Man will den Meistern und Arbeitern alle Wege abschneiden, durch welche sie sich aus der ohnehin so traurigen Lage, wie sie unter den hierortigen Kleinmeistern, und Gehilfen, infolge der Abhängigkeit vom Wohlwollen einiger reicher Verleger herrscht, etwas emporarbeiten könnten. Die Meister in Gröden haben niemals im Sinn gehabt, auf die Verleger in Gröden einen Druck auszuüben; wohl aber haben es die Verleger seit jeher getan. Man ist bereits soweit gegangen, daß man aus Werkstätten, deren Meister sich der Genossenschaft angeschlossen haben, die Arbeit genommen hat, um sie durch Arbeitslosigkeit zum Gehorsam zu »demütigen«. Die Empörung ist auf das höchste gestiegen (nach Au-

Seite eines Musterbuches der Firma Insam & Prinoth
39 x 49 cm. Musterbuch vor 1888. Sammlung Stäblein   Foto: Isarfoto/Icking

Zwei Pferde, gesattelt
h = 32 und 36 cm. Hergestellt noch nach 1918. Heimatmuseum St. Ulrich
Foto: R. Moroder

Pferd mit Reiter
h = 14,5 cm
Reiter am Rücken abgeflacht.
Hergestellt noch nach 1918
Sammlung Stäblein
Foto: S. Stäblein

Pferd auf Räderbrett vor Leiterwagen
l = 27 cm
Hergestellt bis 1914
Heimatmuseum St. Ulrich.
Foto: R. Moroder

Pferd auf Räderbrett vor beladenem Wagen
l = 33 cm
Hergestellt bis 1914
Heimatmuseum St. Ulrich
Foto: R. Moroder

Kuh auf Räderbrett vor zweirädriger Karre
l = 21 cm. Noch nach 1918 hergestellt. Heimatmuseum St. Ulrich Foto: R. Moroder

Pferdegespann mit Reiter auf Räderbrett vor Wagen mit Kanone und Kutscher
l = 80 cm. Hergestellt im 19. Jahrhundert. Heimatmuseum St. Ulrich Foto: R. Moroder

Rädermann vor Wagen
l = 30 cm. Hergestellt vor 1914. Heimatmuseum St. Ulrich   Foto: R. Moroder

„Wiege mit Kind"
l = 8–15 cm
Hergestellt bis 1914
Heimatmuseum St. Ulrich
Foto: R. Moroder

Boote ohne Segel
l = 11 und 15 cm
Hergestellt noch nach 1918
Heimatmuseum St. Ulrich
Foto: R. Moroder

Weihnachtskrippe
h = 20 cm
b = 14 cm
Einfache Krippen wurden in Gröden dem Spielzeug zugeordnet.
Hergestellt noch in den 20er Jahren unseres Jahrhunderts.
Heimatmuseum St. Ulrich
Foto: R. Moroder

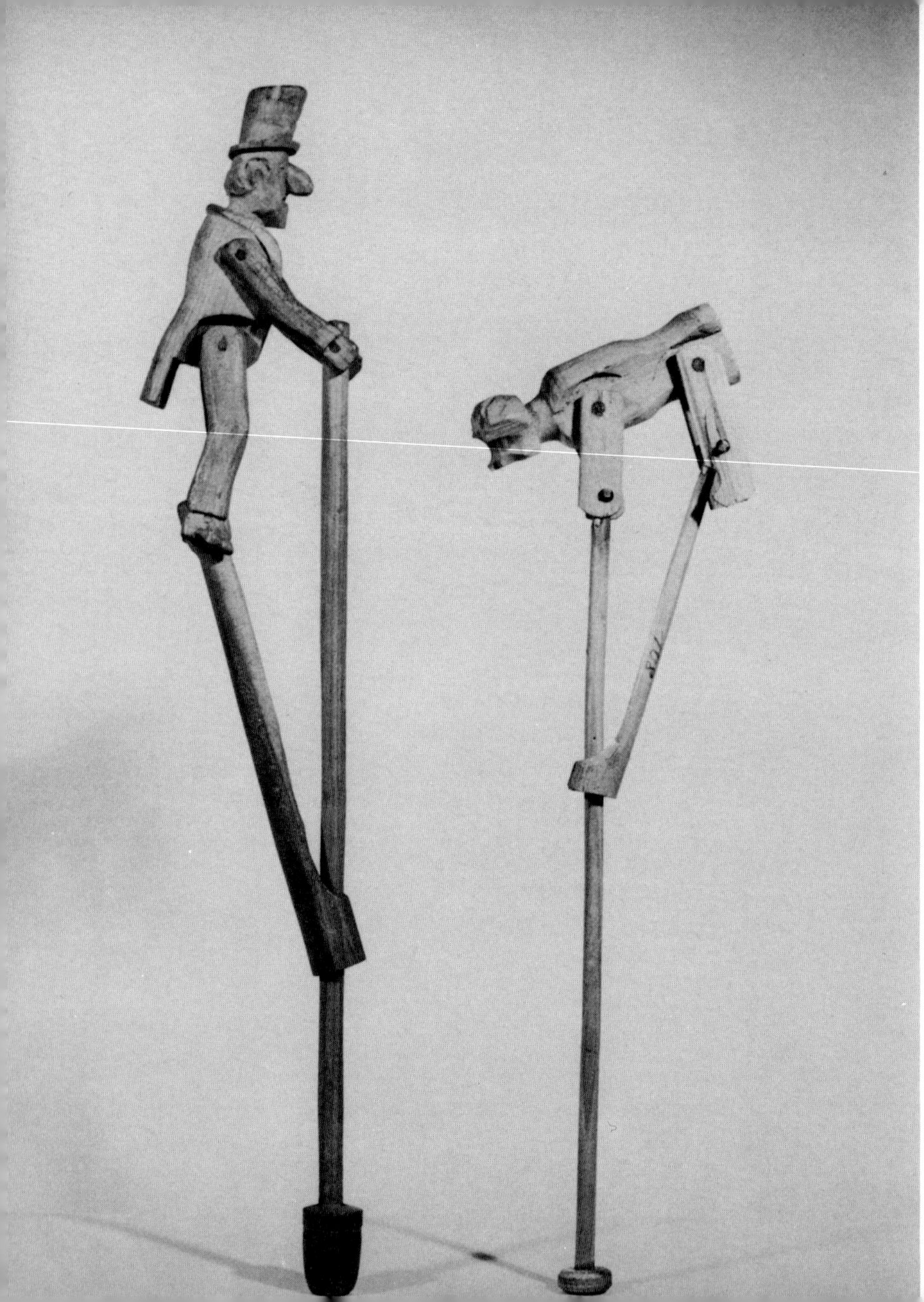

„Stockgaukler als Affe und Männer"
Höhe der Figuren: 13 u. 15,5 cm
Hergestellt bis Anfang 20. Jh.
Sammlung Stäblein
Foto: S. Stäblein

Skifahrer
h = 11 cm
Ziehspielzeug
Hergestellt im letzten Viertel des 19. Jahrhunderts
Heimatmuseum St. Ulrich
Foto: R. Moroder

Schmetterling auf Räder mit Deichsel
Spannweite der Flügel 18 cm
Bemalt mit Wasserfarbe
Beim Fahren schlägt der Schmetterling mit den Flügeln.
Hergestellt nach 1918
Heimatmuseum St. Ulrich
Foto: R. Moroder

Hund auf Blasebalg
h = 8 cm
Teilweise bemalt
Bodenplatte rot mit farbigen Punkten
Stimme durch Zungenpfeife
Hergestellt bis 1914
Sammlung Stäblein
Foto: S. Stäblein

Schnarrende Frösche auf Brett mit Haltegriff und Kurbel
Länge d. Bodenplatte = 10 cm
Frösche farbig
Durch Kurbeldrehung bewegen die Frösche abwechselnd die Unterkiefer. Quietschender Ton
Hergestellt bis ca. 1930
Sammlung Stäblein
Foto: S. Stäblein

„Polichinellköpfe
assortirt. Auf Wunsch werden auch die Hände und Füße passend hiezu angefertigt."
h = 8–13,5 cm. Noch bis in die 30er Jahre unseres Jahrhunderts hergestellt. Sammlung Stäblein
Foto: S. Stäblein

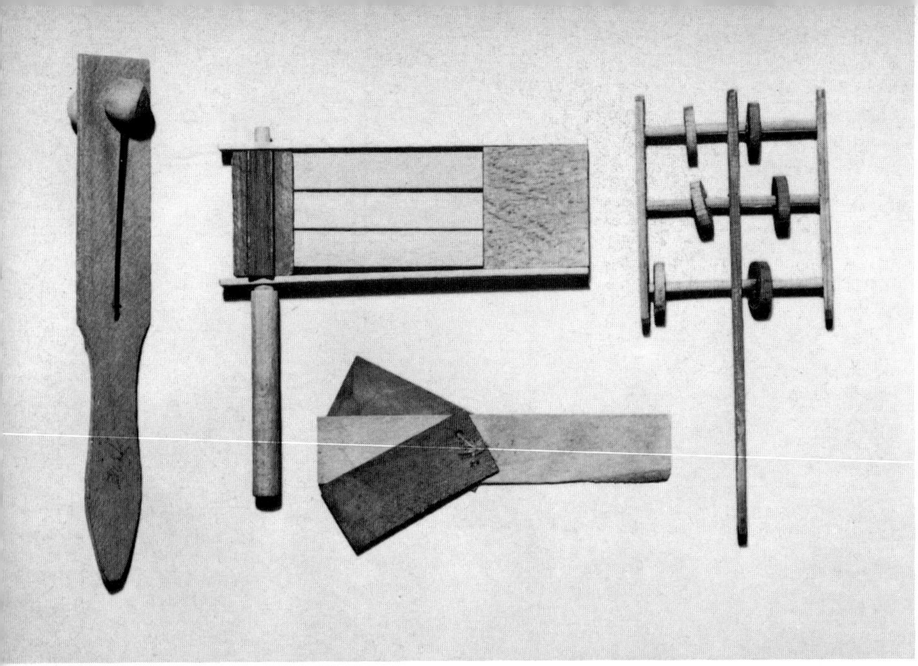

Einfache Lärminstrumente
Schnarre: 15x15 cm
Teilweise Bemalung in Wasserfarbe.
Hergestellt bis ca. 1930
Sammlung Stäblein
Foto: S. Stäblein

„Brummtopf"
Durchmesser der Kugel: 10 cm
Kugel hohl mit Loch.
Beim Drehen gibt der Kreisel einen Brummton von sich.
Hergestellt bis 1914
Heimatmuseum St. Ulrich
Foto: R. Moroder

Kugelspiel „Kakelorum"
h = 15,5 cm. Hergestellt Anfang 20. Jahrhundert. h = 17,5 cm. Hergestellt Ende 19. Jahrhundert.
Heimatmuseum St. Ulrich Foto: R. Moroder

Angekleidete Püppchen
h = 1,5–6,5 cm
Hergestellt in den 20er Jahren unseres Jahrhunderts.
Sammlung Stäblein
Foto: Isarfoto/Icking

gust Mardersteig, S. 93). — Die Antwort der Verleger auf diesen Artikel ist zu umfangreich, um hier abgedruckt zu werden. Sie enthält auch mehr eine Art Rechtfertigung als neue Tatsachen und kann von Interessierten bei Mardersteig auf Seite 94—96 nachgelesen werden.

Eine der Hauptursachen am langsamen Niedergang der Grödner Spielzeugheimindustrie ist tatsächlich der Mangel an Organisation, sowohl der Verleger als auch der Arbeiter. Die bereits genannten Gründe für die Verschlechterung der Lage in der Heimindustrie hätten sich z. T. durch Absprache gemeinsamer Interessen vermeiden lassen. So wird dieser einstige Nebenerwerb zur Landwirtschaft abgelöst durch Bildhauerei und Fremdenverkehr — beides nun als Haupteinnahmequellen.

Grödner Stube heute (Hof Cudan, St. Ulrich)
Im Vordergrund „Pferd zum Aufsitzen auf Plattform mit Rädern". Wurde noch nach 1918 hergestellt. Im Hintergrund Kleines Schaukelpferd und „Wiegenpferd zum Aufsitzen". Beide noch nach 1918 hergestellt. Foto: R. Moroder.

VIII Gröden heute

Maßgeblich für die Entwicklung des Fremdenverkehrs war die verkehrsmäßige Erschließung Grödens Mitte des letzten Jahrhunderts. Und schon auf die sechziger Jahre gehen die ersten Anfänge dieser neuen Erwerbsquelle zurück.

Nach Wilhelm Lutz (»Gröden«, S. 157) werden 1870 in St. Ulrich 100 Gäste gezählt. 1890 sind es bereits über 1000, und 1910 sind allein für St. Ulrich 5200 Besucher angegeben — bei steigender Zahl der über längere Zeit im Tal verweilenden Sommerfrischler.

Dieses schnelle Aufblühen des Fremdenverkehrs kann in direktem Zusammenhang mit der sich im gleichen Zeitraum rapide verschlechternden Lage in der Spielzeug-Heimindustrie gesehen werden.

Gleichzeitig wird die Abwanderung junger, an den Fachschulen ausgebildeter Schnitzer zur Bildhauerei deutlich.

In den Anfängen dieser Entwicklung wird noch reine Bildhauerei betrieben, während heute zum großen Teil mit Kopierfräsen bildhauerische Massenware und Artikel für die Andenkenindustrie hergestellt werden. So erzählt ein Schnitzer aus St. Peter, er könne auf seiner Kopierfräse täglich 12 Engelsköpfe herstellen und gut von seinem Verdienst leben. Neben dem fast durch das ganze Jahr blühenden Fremdenverkehr sollen heute immerhin noch 40% der Grödner Bevölkerung in der holzverarbeitenden Industrie Beschäftigung finden. Echte Bildhauerarbeit wird z. Z. durch Kontrollen zu bestimmten Zeitpunkten im Herstellungsprozeß geschützt und gekennzeichnet in den Handel gebracht (mdl. A. Robert Moroder).

Holzspielzeug wird, wie bereits erwähnt, lediglich in der Fabrik »SEVI« produziert.

So ist in den auffallend vielen Geschäften für Holzschnitzereien und Drechselware im Tal von der Bedeutung, die Alt-Grödens Spielzeugindustrie für das gesamte Gebiet und für die Nachbarn im Fassatal gehabt hat, nichts mehr zu verspüren — ganz abgesehen von der Stellung, die Gröden innerhalb der insgesamt fünf maßgebenden Heimindustrien für Holzspielzeug im deutschsprachigen Raum eingenommen hat.

Im Jahre 1960 wurde endlich durch Privatinitiative einiger Grödner und durch die »Union di Ladins de Gherdëina« das unter großen persönlichen Opfern geführte Heimatmuseum »Museum de Gherdëina« im neuerbauten »Cësa di Ladins« in St. Ulrich eröffnet (mdl. A. Robert Moroder).

In einem Nebenraum wird, auf beengter Fläche, Grödner Spielzeug gezeigt. Neben Spenden aus der Bevölkerung ist hier auch die 1970 erworbene großartige Spielzeugsammlung des Herrn Johann Senoner da Vastlé zu sehen. Es ergibt sich die Möglichkeit eines Überblicks über die Alt-Grödner Produktion — und somit auch die Möglichkeit eines Vergleichs mit derjenigen der Konkurrenzgebiete in Berchtesgaden, Oberammergau, dem thüringischen Gebiet und dem Erzgebirge.

Typische Grödner Paarhöfe (Pufels)
Vorne im Bild Hof Rumanon; oben die Höfe Sanon u. Cebla. Aufnahme ca. 1905
Foto: Alois Kostner

IX Lebensbedingungen der heimindustriellen Arbeiter

Die Schilderung der Grödner Spielzeug-Heimindustrie kann nicht abgeschlossen werden, ohne auf die Lebensbedingungen der Arbeiterfamilien einzugehen. Wenn von Armut die Rede ist, so soll dieser Begriff durch zeitgenössische Berichte und durch Fakten erhellt werden; es zeigt sich die Abhängigkeit der Lebensumstände von der Entwicklung in der Heimindustrie.

Daß es den Grödner Schnitzern in den Anfängen der Heimindustrie gut gegangen sei, kann nicht gesagt werden. Schon 1807 wird von den Spielzeugherstellern als von *dürftigen Leuten* geschrieben, *welche die zum Unterricht in der Kunst erforderlichen Kosten nicht bestreiten können, die auch ihre Fabrikate so bald als möglich fertigmachen, und zur Bestreitung ihres Unterhaltes wochentlich verkaufen müssen. Künstlerarbeiten erfordern beträchtliche Vorauslagen welche der Grödner nicht machen kann.* Und weiter: *Der arme Bildschnitzer, mit dessen Figuren manches ansehnliche Grödner Handelshaus den Grund seines Glückes legte, bleibt ohne Hoffnung, sich je zu einem bedeutenden Wohlstande zu erschwingen ... Bey den hohen Preisen der Lebensmittel muß er seinen täglichen Verdienst beynahe ganz wieder hergeben, um seiner Familie den kargen Unterhalt, und seinen Kindern eine Aussicht auf bessere Versorgung zu verschaffen ... Bey allem dem sind die Grödner noch immer Muster der Sparsamkeit und Frugalität ... Bettler und Leute, die von Almosen leben, sind in Gröden eine äußerst seltene Erscheinung* (Josef Steiner, S. 17 f und 32 f.).

1838 heißt es von den vergangenen Zeiten des ersten Aufblühens der Heimindustrie: *Das Glück ihrer Handelschaft blieb durch die schnell wechselnde Zeit nicht ungetrübt ... Die Bevölkerung vermehrte sich zusehends ... Die Felder wurden in die kleinsten Theile zerstückt und auf jeder winzigen Scholle eine Familie angesiedelt ... Bald entwichen die reichen Thalbewohner in die Städte, ins Ausland ... nur armes Volk blieb auf schmalem Erdreich zurück. Die alte Armuth meldete sich wieder* (Beda Weber, S. 132).

Daß die reichen Talbewohner in die Städte und ins Ausland gingen, scheint unwahrscheinlich. Vielmehr wird die arme Bevölkerung das Tal verlassen haben und — teilweise reich geworden — im Alter wieder heimgekehrt sein.

In den neunziger Jahren des gleichen Jahrhunderts wird geklagt, *daß die kleinen Bauern und Schnitzer, also die große Mehrzahl* (der Bevölkerung) *nicht nur kaum über die nötigen Lebensmittel verfügt, sondern sogar tief verschuldet, ja ganz arm sind, und als besitz- und vermögenslos angenommen werden müssen* (Franz Moroder, S. 61).

Und wenige Jahre vor dem Ersten Weltkrieg: *Die Löhne der Spielwarenschnitzer sind leider sehr herabgesetzt, so daß ein Namhafter Teil dieser Heimarbeiter für Spielwaren mit ernsten Nahrungssorgen kämpft, um nicht zu sagen, daß er sich des Hungers bisweilen schwer nur erwehren kann* (August Mardersteig, S. 89).

Die Verschlechterung der Lage bei den Spielzeugherstellern im Verlaufe des 19. Jahrhunderts hat verschiedene Ursachen:

Die Aufteilung der Höfe in kleinste Parzellen bringt eine Abhängigkeit von dem Verdienst in der Heimindustrie mit sich.

Um mit dem neu aufkommenden, fabrikmäßig hergestellten, billigen Papiermaché- und Blechspielzeug (Spielzeug aus Papiermaché in Sonneberg ca. ab erstem Viertel des 19. Jahrhunderts; Blechspielzeug in geringem Umfang ab der gleichen Zeit) konkurrieren zu können, müssen die Preise des Grödner Spielzeugs genau so gesenkt werden wie in den übrigen traditionellen Heimindustrien für Holzspielzeug.

Die Massenproduktion nimmt nun in der Monotonie der Herstellung eines bestimmten Stückes, eines bestimmten Spielzeugs, Züge der Fabrikarbeit an. Durch strengste Arbeitsteilung innerhalb der Arbeiterfamilien und durch Zuhilfenahme einfacher Maschinen können größere Mengen produziert werden, wodurch ein Teil des Preisverfalls aufgefangen werden kann.

Der Zeitgeschmack bedingt ein Nachlassen der Nachfrage nach einfachem bemalten oder unbemalten Holzspielzeug. Der Trend geht hin zum »Perfekten«.

Die zunehmende Verschlechterung in Grödens Heimindustrie in der zweiten Hälfte des 19. Jahrhunderts ruft eine der wenigen Hilfsmaßnahmen von öffentlicher Seite zur Stützung der Grödner Industrie hervor: 1895 wird eine Ausstellung in St. Christina veranstaltet. Der »Bote für Tirol und Vorarlberg« berichtet: *Hinsichtlich der Spielwarenerzeugung hat sich das Handelsmuseum ein anerkennenswertes Verdienst daraus erworben, daß dasselbe eine interessante Collection von Spielwaren aus jenen Ländern, welche heutzutage in diesen Artikeln maßgebend sind (Deutschland, Frankreich, England, Amerika) acquiriert und in einem Locale nächst den Schulräumen in St. Christina zur Besichtigung und zum Studium der dortigen Bevölkerung aufgestellt hat. Diese Collection illustriert den gewaltigen Umschwung in dem Geschmacke, welcher in den letzten 20—30 Jahren hinsichtlich der Spielwaren eingetreten ist, so wie dem stark zunehmenden Verbrauch an anderen Materialien (Metall, Holzstoff, Papiermaché) in der Spielwarenindustrie, welcher Umstand für sich allein geeignet ist, den Bedarf an Spielwaren — namentlich von so ordinärer Art, wie sie in Gröden vorzugsweise erzeugt werden — erheblich zu vermindern. Es wurde auch Veranstaltung getroffen eine Anzahl dieser Vorbilder durch geschickte Arbeiter in Gröden copieren zu lassen, und diese Erzeugnisse sind von sachverständigen Personen (Spielwarenhändlern und Exporteuren) als sehr tüchtig, preiswürdig und marktfähig anerkannt worden. Es hat sich ... gezeigt, daß die Grödner Spielwarenerzeuger für ein weit besseres Genre der Schnitzerei, als das bisher cultivierte, geeignet sind* (Tiroler Bote, »Die Industrie im Grödnerthale«, S. 1779).

Nicht übersehen werden kann die Verschärfung der Konkurrenz zu den Spielzeug-Heimindustrien, welche z. T. die gleiche Ware herstellen und anbieten, die sich durch verbesserte Transportmöglichkeiten auf guten Straßen und durch das Einsetzen des Zeitalters der Eisenbahn ergibt. Hinzu kommt der Wirtschaftskampf, den sich die Spielwarenverleger innerhalb des Tales liefern, wobei gegenseitiges Unterbieten der Preise letztlich auf Kosten der Hersteller, also der Schnitzer und der Malerinnen, geht. Dieser Konkurrenzkampf hat innerhalb des vergleichsweise engen Gebietes Grödens verheerende Auswirkungen. Der Schnitzer, der sich bei einer Arbeitszeit von 12—16 Stunden unter Mitarbeit sämtlicher Familienglieder nur mit Mühe über Wasser halten kann, gerät in eine Armut, die derjenigen des Spielzeugherstellers im Erzgebirge vergleichbar ist.

1856 verdient ein Schnitzer in der Woche ungefähr einen Gulden.

Die Löhne von Dienstboten, Arbeitern und Handwerkern bei einer durchschnittlichen Arbeitszeit von 5—20 Uhr bzw. 6—21 Uhr — neben freier Kost und ohne Zwischenpause — gibt für das Jahr 1856 nachfolgende Tabelle wieder.

1 Bauernknecht pro Jahr	25.— Gulden
1 Bauernmagd pro Jahr	20.— Gulden
1 Handlanger pro Tag	—.18 Gulden
1 Handlangerin pro Tag	—.15 Gulden
1 Tischler pro Tag	—.25 Gulden
1 Zimmermann pro Tag	—.25 Gulden
1 Maurer pro Tag	—.25 Gulden
1 Schneider pro Tag	—.18 Gulden
1 Näherin pro Tag	—.08 bis —.06 Gulden
1 Schuster pro Tag	—.25 Gulden

Zur gleichen Zeit kostete ein vierzehn Tage altes Kalb drei bis vier Gulden.

Die Kunde davon, daß Grödens Bauern in der Spielzeugherstellung einen Nebenerwerb gefunden hatten, drang hin bis zu den entferntesten Dörfern des Landes. Die Phantasie der armen Landbevölkerung ließ dieses Gröden noch bis in die neunziger Jahre des letzten Jahrhunderts hinein als besonders wohlhabend oder reich erscheinen. Wie bescheiden aber das Leben, besonders der Bergbauern, damals war, und was unter »Reichsein« verstanden wurde, mag die Schilderung einer Engländerin von einer Bergwanderung aus dem Jahre 1875 zeigen: *Wir hielten Rast mit unserem wunderlichen, vom Wetter gegerbten, alten Führer, einem Bergbewohner der Gegend, der neben uns stehengeblieben war. Er hatte uns etwas von seinem dürftigen Brotvorrat angeboten. Wir zogen also unsererseits, und für ihn ganz unerwartet, unsere belegten Brote hervor und luden ihn dazu ein. Das öffnete seine schmalen Lippen. Wie redselig er wurde! ... Er erzählte uns ... daß er während seiner fünfundachtzig Lebensjahre kaum je Fleisch zu Gesicht bekommen hatte. Seit achtzig Jahren hatte seine tägliche Nahrung aus einem Laib Brot pro Tag bestanden mit einem Tropfen Kaffee am Morgen und einem zur »Merenda« am Nachmittag. Und selbst das war schwer zu beschaffen gewesen. »Aber dort drüben«, und er wies mit welker Hand in die Richtung eines erstaunlichen Dolomitengipfels, hoch über grünem Tal und waldbestandenen Bergsatteln, dort drüben wohnten »gente«, die den Geschmack von Fleisch kannten; und die Frauen, die »signore«, alle malten sie, reich waren die, reich! Die malten und malten und tranken tassenweise Kaffee, nicht tropfenweise* (Margarit Howitt, S. 772). Gemeint sind hier Grödens Spielzeugmalerinnen.

In Wirklichkeit war das Leben der Grödner Spielzeughersteller denkbar einfach, wenn nicht ärmlich. In einer Beschreibung Tirols aus dem Jahre 1807 wird das dort »Türkenmus« genannte Gericht schon erwähnt, das man mit einigem Glück auch heute noch in Gröden vorgesetzt bekommen kann. Es ist dies ein dicker, hauptsächlich aus Maismehl (»Polenta«) gekochter Brei, der am Boden ein wenig bräunen soll und dann mit heißem Fett übergossen aus der Pfanne gegessen wird (mdl. A. Vinzenz Insam-Neuhaus). Dem Gast zu Ehren wird wohl noch ein frisches Ei über das Mus gestrichen, bevor die heiße Pfanne vor die Haustür gestellt wird. Nun drängt sich alles im Hausflur zusammen, wenn der Hausvater hochaufspritzendes, brennendes Fett aus einem Tiegel über das Mus gießt. Ein unvergeßliches Schauspiel.

Was für ein Erlebnis ist die gemeinsame Mahlzeit in der alten, zirbelgetäfelten Stube, wenn der Hausherr die Begrenzungslinien in das knusprig, braun überbackene Mus zieht, und jeder anfängt, seinen Teil aus der Pfanne zu löffeln! Mit Spannung wird darauf gewartet, daß der Gast — die Regeln nicht kennend — die Grenzen verletzt und einen Übergriff auf das Territorium des Nachbarn wagt. Reich beschenkt fühlt man sich an solch einem Abend durch die Gastfreundschaft, die es versteht, aus einer einfachen Mahlzeit ein Fest zu machen.

Getreide spielt gegenüber Fleisch das ganze 19. Jahrhundert hindurch in Gröden die Hauptrolle. Fleisch wird geradezu für ungesund gehalten, und man tauscht es gerne gegen Getreide ein. So mögen in der ersten Hälfte des Jahrhunderts viele der Talbewohner tatsächlich in ihrem Leben nur selten frisches Fleisch gegessen haben.

Die im Tal gut gedeihende Gerste gilt als Brotgetreide. 1816 werden für ein Kalb zwei fl. gezahlt, während ein Star (20—22 kg) Gerste mit elf fl. berechnet wird. Etwa um das Jahr 1830 hat ein Star Brotgetreide um die zehn fl. gekostet — ein Kalb sechs fl. In Krisenjahren haben 25—30 kg Brotgetreide dem Kaufwert nach zwei Kälbern oder einem (schlechten) Rind entsprochen.

Aus diesem Grunde wurden die Äcker auch nach Jahren der Mißernte immer wieder neu bestellt, um das kostbare Getreide, zumindest für den Eigenbedarf ernten zu können.
In einem Reisebericht aus dem Jahre 1858 wird geschildert, wie in »St. Christine«, in einem Gasthaus, eingekehrt wird: *Wer ... auf ein Butterbrod gerechnet hatte, mußte sich getäuscht fühlen. Die guten Grödner machen es wie alle aelpler: Butter, dort Schmalz genannt, quillt nicht für sie und den Wanderer aus den gesegneten Eitern. Dieses Naturgeschenk ist viel zu kostbar, um nicht ausgeführt zu werden; man hilft sich mit einer andern Würze und bäckt Fenchel in das Brod. Man muß gestehen, daß der Mensch erfinderisch ist, sich selbst zu betrügen; denn Butter und Fenchel verhalten sich so zueinander, wie Crème und Teufelsdreck* (Karl Müller, S. 299).
Johann Malsiner, ehemaliger Arbeiter bei der Spielzeug-Verlegerfirma Anton Comploi, erzählt aus seiner Jugend: Er wurde 1894 auf dem Hof Prensa (St. Christina) geboren und wuchs zusammen mit acht Geschwistern auf. Zu Hause hatten sie eine Landwirtschaft mit Schweinen und zehn Kühen. Von der Milch wurden nur wenige Liter täglich verkauft; in der Hauptsache verbrauchte die Familie sie selbst. Es wurde davon gebuttert und auch Käse für den eigenen Bedarf gemacht. Ebenso wurden die Schweine für den Eigenbedarf gemästet. Das Fleisch wurde auf dem Hof selbst geräuchert. Zum Hof gehörten fünf Äcker in 1800 m Höhe. Angebaut wurde Gerste und Roggen, wobei der Ertrag an Roggen nur etwa die Hälfte des Bedarfs deckte. Der Rest mußte dazugekauft werden. Das grobe Mehl — es war aber eher eine Art Schrot — wurde im Tal gemahlen. Buchweizen (Schwarzmehl, »Schwarzplenten«) wurde aus den Nachbargemeinden St. Peter und Lajen bezogen, wo er der günstigen, sonnigen Lage wegen noch im Juli, nach der Roggenernte, ausgesät werden konnte.
Neben der Landwirtschaft wurde im Hause auch Spielzeug geschnitzt, um das Geld für die notwendigen Anschaffungen zu verdienen. Der Vater besaß an einem Bach am Hang eine wassergetriebene Drechselbank. Auf diesem Hof wurde z. B. der »Turner« hergestellt. Zu viert oder zu fünft schaffte die Familie pro Woche 20 Dutzend davon. Gearbeitet wurde für die Heimindustrie von 8—22 Uhr mit einer Mittagspause.
Das Essen auf einem Grödner Hof bestand Ende des letzten Jahrhunderts tatsächlich zum großen Teil aus selbst erzeugtem Getreide, Milch, Butter und Käse von der eigenen Kuh und aus Fleisch vom eigenen Schwein.
So nannten verschiedene Grödner die folgenden Gerichte als typisch für die bäuerliche Bevölkerung um die Jahrhundertwende:

Gerstensuppe mit einem Stück Geselchtem (Geräuchertem) darin.
»Friegelen«; das ist klumpig in Wasser oder Milch gekochtes Gerstenmehl.
Gerstenmehlsuppe; dazu konnten gekochte Kartoffeln gegessen werden.
Brennsuppe;

Knödel aus Gersten- oder aus Gersten- und Schwarzmehl in einer Suppe.
»Nockelen« — wie kleine Knödel in Suppe oder geschmelzt mit Butter und Käse.
Schmarren aus Gerstenschrot
Mus — wie bereits beschrieben — aus Gersten- und Maismehl.
Sauerkraut zur Hälfte aus Kraut, zur Hälfte aus geschnetzelten Rüben, wenn vorhanden mit einem Stück Geräuchertem gekocht.
Abends oft Pellkartoffeln und Milch.

Als Kuchen gab es »Ofenplent« (ladinisch: Tëurta da Mëiles), eine Art Apfelkuchen, bei dem auf den Polenta Apfelstücke gelegt waren, die dann im Ofen gegart wurden. Dieser »Ofenplent« kam warm auf den Tisch und wurde dort erst aufgeschnitten.

An Feiertagen wurden in Butterschmalz ausgebackene Krapfen mit oder ohne Mohnfüllung gemacht, sogenannte »Crafons«.

Am Tage des Aufgebotes eines Brautpaares wurden »Vanedes« (Strauben) in Fett ausgebacken.

Getrunken wurde Wasser, Milch oder Kaffee aus selbstgerösteter Gerste; Selten gab es Bohnenkaffee. An Wein wurde auf einem Hof von zehn bis zwölf Personen im Hochsommer ein Fünfzig-Liter-Faß zur Heuernte gekauft. Das mußte für ein ganzes Jahr reichen.
Fladenbrot wurde zweimal im Jahr gebacken und mußte vor dem Verzehr mit einem eigenen Gerät (»Brotgrammel«) zerkleinert werden. Zu diesem selbstgebackenen Brot wurde, falls vorhanden, Speck gegessen.
In der Küche stand eine Schüssel mit gekochten Kartoffeln. Wer Hunger hatte, nahm davon, damit der Brotvorrat gespart wurde. —
Erschwert wurde die Arbeit in der Heimindustrie auch durch die äußeren Lebensumstände im Gröden des vorigen Jahrhunderts: So war in den allerärmsten Häusern ein Teil der Schlafplätze für die Familie in der Stube. Trotz der herrschenden Enge wurde aber, soweit es möglich war, auf Sauberkeit und Ordnung gesehen.
Die Schlafkammern konnten nicht beheizt werden. Es wurde erzählt, daß in früherer Zeit die Kinder oft mit einem der um den Ofen gelegten angewärmten Bretter unterm Arm zu Bette ging, wobei das warme Holz sozusagen als Wärmflasche diente (mdl. A. Adolf Senoner-Vastlé).
Die Beleuchtung ist noch Mitte des vorigen Jahrhunderts problematisch. Um Feuer zu machen, war man *gezwungen, sich mit Feuerstein und Stahl zu behelfen. Dabei schlug man Funken in ein Gefäß voll Ruß und sobald der Ruß sich etwas entzündet hatte, gab man auf die glimmende Stelle ein Stück mit Schwefel getränkten Faden (einen sogenannten »Sulprin«). Dieser Faden fing dann an zu brennen und so entstand eine kleine Flamme . . . Man benützte . . . in den meisten Häusern zur Beleuchtung Un-*

schlitt (ladinisch »Seif«) ... *Man nahm ein Stück davon, steckte es in einen kleinen Behälter, gab dazu einen leinenen Fetzen und entzündete diesen mittels des oben erwähnten Sulprins. Solcher Art war das Licht, dessen sich die Leute gewöhnlich bedienten ... Man sparte aber mit dem Lichte derart, daß es nur im Notfalle angezündet wurde ... ja vielfach wurde zur Winterszeit in den Stallungen ohne Licht gefüttert* (Josef Rifesser, S. 11 f.).

Um 1850 gibt es noch keinen Metzger im Tal, und es war — besonders im Sommer — schwierig, z. B. für Kranke frisches Fleisch zu bekommen — wenn nicht zufällig irgendein Vieh wegen Krankheit (!) geschlachtet werden mußte.

Der Zusammenhalt der Familien untereinander war notgedrungen groß. *Die Armen und Kranken mußten von Verwandten gepflegt und erhalten werden. Wenn sich der Fall ergab, daß einer längere Zeit krank liegen mußte, so war man genötigt, ihn von einem Verwandten zum anderen zu tragen. Fehlte es an wohlhabenden Verwandten, so mußten allgemeine Sammlungen veranstaltet werden* (Josef Rifesser, S. 23).

Erschwerend für die Bewältigung des täglichen Lebens wirkte sich auch aus, daß es bis in die achtziger Jahre des vorigen Jahrhunderts hinein, mit Ausnahme einiger kleinerer Leitungen aus Holzröhren, in ganz Gröden noch keine Wasserleitungen gab. Auch gab es keine Feuerwehr. Das Wasser mußte — besonders im Winter — mit Pferden in großen Weinfässern vom Bach zu den Häusern gebracht werden. Sonst trug man es in einer »Zumm« auf dem Rücken vom Grödner Bach oder von kleineren Wasserläufen her, wobei oft beträchtliche Strecken zurückzulegen waren.

Ausbildung der Kinder

Der schulischen Ausbildung der in der Heimindustrie mitarbeitenden Kinder in Volksschule und Fachschule wurde noch bis gegen Ende des vorigen Jahrhunderts seitens der Eltern geringer Wert beigemessen, da Schulbesuch gleichzeitig auch Arbeitsausfall bedeutete. Vor Einführung der Schulpflicht fand der Unterricht jeweils in der Wohnung des Lehrers statt.

1786 wird in St. Ulrich ein eigenes Schulhaus gebaut, finanziert aus der Schenkung des Hausierers Mahlknecht. In diesem Hause ist über 100 Jahre lang Unterricht abgehalten worden. Die Zahl der Schüler wächst zwischen den Jahren 1794 und 1914 von 34 auf 430, wodurch Ende der achtziger Jahre ein neuer Schulhausbau notwendig wird.

1779 wird eine Schulstube der Curatiegemeinde bei St. Christina erwähnt. Das dortige erste Schulhaus stammt aus dem Jahre 1834/35.

In Wolkenstein wird 1848 ein Gemeindehaus mit Schule gebaut.

Die Grödner Volksschulen scheinen in frühen Zeiten auf das Vermitteln des allernotwendigsten Wissens ausgerichtet gewesen zu sein. 1838 wird darüber berichtet: *Die Bildung der Jünglinge und Mäd-*

chen ist in Gröden kurz, sie lernen in der Schule Deutsch und Italienisch lesen und schreiben, oft ohne es zu verstehen, die Anfangsgründe in der Religion und einwenig rechnen. Damit ist's aus (Beda Weber, S. 130).
Noch 1855 bringt jedes Kind einmal in der Woche ein Scheit Holz zur Schule, damit geheizt werden kann.
Besonders für die Kinder der Verleger war die schulische Ausbildung in Gröden im Laufe der Zeit nicht ausreichend. Für die künftigen Herren der größeren Verlegerfirmen waren Fremdsprachen und eine umfassendere Bildung in Hinblick auf die weltweiten Handelsbeziehungen, die unterhalten wurden, notwendig geworden. So wird in den sechziger Jahren des vorigen Jahrhunderts davon berichtet, daß die *Vermöglicheren* ihre Kinder in ein Erziehungsinstitut nach Bozen oder nach Brixen schicken, wo besserer Unterricht geboten würde, *weßwegen eine feinere Bildung in den nachkommenden Geschlechtern zu treffen sein wird* (Joseph Anton Vian, S. 31).
Der Grödner Spielzeugschnitzer nimmt kein fremdes Kind zu sich, um es anzulernen, wie es hier ja überhaupt für die heimindustriellen Arbeiter keine verpflichtende Ausbildung gibt. Was der Vater schnitzt, lernt der Sohn schon in frühen Jahren und wird es in späterer Zeit wieder seinen Söhnen weitergeben.
Um Gröden gegenüber den anderen traditionellen Heimindustriegebieten konkurrenzfähig zu halten, wird ihm schon 1821 *»durch väterliche Fürsorge Sr. Majestät Franz I. eine Zeichnungsschule«* bewilligt, deren Eröffnung in St. Ulrich, nach Ausbildung eines einheimischen Lehrers in Wien, in das Jahr 1825 fällt.
1872 bekommt der Bildhauer Ferdinand Demetz eine Subvention der Regierung zur Gründung einer gewerblichen Fachschule in St. Ulrich, die Demetz, nachdem ihm 11 Jahre später der Zuschuß gestrichen wird, auf privater Basis weiterführt.
1890 erhält St. Ulrich dann eine moderne, mit guten Lehrmitteln ausgestattete »k. k. Zeichen- und Modellierschule«, die auch den Zeichenunterricht für Schüler über zehn Jahren an der Volksschule übernimmt.
Am anderen Talende, in Wolkenstein, eröffnet 1902 die Verlegerfirma Comploi-Tieja auf privater Basis eine Zeichenschule, deren Lehrer auch von ihr finanziert wird. 1906 wird das Schulgebäude an die Gemeinde verkauft und dort 1908 die »Kaiser-Franz-Josefs-Fachschule« eingerichtet, in der neben Zeichnen und Modellieren auch Schnitzen gelehrt wird.
Der Einfluß der Grödner Fachschulen auf die Heimindustrie hatte vor allem zwei Auswirkungen: Die Abwanderung junger heimindustrieller Arbeiter zur Bildhauerei und, nach dem Ersten Weltkrieg, den Verlust an Volkstümlichkeit des durch Generationen innerhalb des Tales weitergegebenen Könnens. In früheren Zeiten, also bis in das letzte Viertel des 19. Jahrhunderts, waren die verschiedenen Zeichnungs- oder Fachschulen bei der ärmeren Bevölkerung aus mehreren Gründen nicht anerkannt. Auch

hier bedeutete Schulbesuch der Kinder gleichzeitigen Arbeitsausfall und damit Verdienstverlust, den sich die Schnitzerfamilien nicht leisten konnten. *Wer die Kunst des Zeichnens nicht im Kopf hat, wird sie nie lernen* (August Lewald, S. 165) ist als Ausspruch eines Schnitzers aus dem Jahre 1835 überliefert.
Aus den Gemeinden St. Christina und Wolkenstein besuchen, vor Gründung der Fachschule in Wolkenstein, des langen Weges wegen fast keine Kinder die Schule in St. Ulrich. Aus diesem Grunde ist bis zum Ersten Weltkrieg auch ein deutlicher Qualitätsabfall der Schnitzereien von St. Ulrich über St. Christina nach Wolkenstein hin zu verzeichnen.
Beeinflußt wurden die Schnitzer zum Teil durch Verleger die, zumindest bis in die siebziger Jahre des letzten Jahrhunderts, eine Abwanderung ausgebildeter Schnitzerkinder zur Bildhauerei befürchteten. Später, bei der Umorientierung des Großhandels vom Spielzeug hin zur Bildhauerarbeit, fällt dieses Argument fort.
Ähnlich wie in Gröden sind die Lebensumstände der Arbeiter in den konkurrierenden Heimindustrien des deutschsprachigen Raumes. Auch hier konnte unter ungünstigsten Bedingungen und bei Mithilfe der gesamten Familie — in wirtschaftlich schwierigen Zeiten — kaum genug verdient werden, sich zu erhalten.
Die Not der heimindustriellen Arbeiter überschattet die Freude an dem uns so liebenswert erscheinenden alten Spielzeug.

X Allgemeines über den Begriff Heimindustrie

Als Haus- oder Heimindustrie wird eine Produktionsform bezeichnet, in der als Haupt- oder als Nebenerwerb, jeweils zu Hause, Ware zum Verkauf hergestellt wird. Die Art der Ware richtet sich vorwiegend nach den in der Gegend vorhandenen Materialien. Dabei kann es aus den verschiedensten Gründen zum Aufblühen oder Erliegen einer Industrie und darauf zur Entfaltung eines neuen Erwerbszweiges kommen. Vielfach bilden alte Heimindustrien in späterer Zeit die Grundlage zur fabrikmäßigen Herstellung der gleichen oder ähnlicher Ware, wobei z. T. die heimindustrielle Produktion in bescheidenem Umfang weitergeführt wird. Die Gründe für solche Umwandlungen können innerhalb und außerhalb der betreffenden Gebiete liegen.

Kriege, abgeänderte Handelsverträge, Zollbestimmungen, Währungsschwankungen und Verkehrsbedingungen im eigenen Land sowie in den Exportländern; Materialmangel, Anpassungsfähigkeit an Mode und Markt oder an neuentdeckte Materialien, richtige Einschätzung der Konkurrenz usw. gehören zu den Faktoren, die über Bestehen oder Nichtbestehen einer Heimindustrie entscheiden.

Tut sich ein lohnenderer Erwerbszweig auf, so wird die alte Arbeit aufgegeben. (In den waldreichen, landschaftlich reizvollen Gegenden unserer Spielzeugindustrien löst häufig der Fremdenverkehr die Heimindustrie ab.)

Im deutschsprachigen Raum entwickeln sich, schätzungsweise ab dem 16. Jahrhundert, aber vielleicht auch schon früher, maßgebend in der Holzspielwarenproduktion fünf Gebiete.

XI Die mit Gröden konkurrierenden Spielzeug-Heimindustrien

(Es wird hier in größerem Umfang auf Autoren unserer Tage zurückgegriffen, die sich speziell mit dem jeweiligen Heimindustriegebiet befaßt haben.)

Oberammergau

Zur ältesten Spielzeug-Heimindustrie wird Oberammergau gerechnet. Auch hier werden, wie in anderen bäuerlichen Gegenden, wohl zu Anfang Gebrauchsgegenstände aus Holz hergestellt worden sein.

Nicht zuletzt durch die enge Beziehung Oberammergaus zum Kloster Ettal sind einige Unterlagen aus früherer Zeit erhalten geblieben. So bemerkt 1520 Andreas Althammer, daß in Oberammergau Schnitzer das Leiden Christi so fein herstellen könnten, daß es in einer Nußschale Platz finden würde; in den Abrechnungen des Klosters finden sich tatsächlich in den zwanziger Jahren des 16. Jahrhunderts mehrfach Eintragungen über »kleine und große geschnitzte Nuß«, wobei es sich um die von Althammer erwähnten Miniaturschnitzereien handeln könnte. Acht große geschnitzte Nüsse werden mit 42 Kreuzern verrechnet; dieser niedrige Preis läßt Karl Gröber schließen, daß es sich hierbei um einen Massenartikel handeln könnte. Da schwierige Miniaturschnitzereien aber nie am Anfang der Entwicklung des Schnitzgewerbes stehen, könnte man annehmen, daß die Anfänge für Schnitzereien in Oberammergau weit ins 15. Jahrhundert zurückreichen. Dabei scheint es ungewiß, ob hier zu damaliger Zeit bereits Spielzeug hergestellt wurde. Wahrscheinlicher erscheint eine Entwicklung — in Oberammergau begünstigt durch die enge Verbindung zu Ettal — von sakraler Kunst, also von der Bildhauerei hin zum Spielzeug, ähnlich wie in Gröden.

Im 16. Jahrhundert ist mehrfach »Schnitzelwerck« erwähnt, das vom Kloster aus Oberammergau bezogen wird.

Die erste Handwerksordnung gibt der Abt von Ettal den Oberammergauer Schnitzern im Jahre 1563. Diese Handwerksordnung wird 1681 in eine acht Punkte umfassende Bildschnitzereiordnung abgeändert. Es dürfte sich also zu dieser Zeit das Schnitzhandwerk schon stark entwickelt haben.

Im Verlaufe des 18. Jahrhunderts entfaltet sich die Herstellung verschiedener Spielwaren und Tierdarstellungen zur Massenproduktion (während in Gröden dieser Stand erst zu Anfang des 19. Jahrhunderts erreicht wird). Verwendet wird vorwiegend Fichtenholz, aber auch Erle und Linde. Zirbelkiefern wachsen in Oberammergaus Gegend selten. Erst ab der Mitte des 19. Jahrhunderts wird auch Ahornholz für feinere, ungefaßte Schnitzware benützt.

Ab der zweiten Hälfte des 18. Jahrhunderts erlebt Oberammergaus Heimindustrie ihre Blüte und erobert sich den Weltmarkt. Seine Spielwarenproduktion bleibt bis ins frühe 19. Jahrhundert hinein bedeutend.

Einen zusätzlichen Profit schlugen Oberammergauer Maler und Hausierer bis ins zweite Jahrzehnt des 19. Jahrhunderts daraus, daß Gröden sein Spielzeug in Oberammergau bemalen und größtenteils diese bemalte Ware auch »verschleißen« ließ. Der Beginn der Spielzeugmalerei in Gröden um 1820 bedeutet für Oberammergaus Heimindustrie und für den dortigen Handel einen Rückschlag.

Krisen für die Heimindustrie wechseln mit normaler Entwicklung ab, in dieser Gegend besonders beeinflußt durch Kriege. Aber auch Zollverordnungen, Geschmacksänderungen und das Aufkommen neuer Materialien bei der Spielzeugherstellung beeinflussen wie in den Konkurrenzgebieten die Spielzeugindustrie. Besonders die Grödner Konkurrenz bereitet Oberammergau Schwierigkeiten, ja es wird von einer *entscheidenden Zäsur in der Entwicklungsgeschichte der Oberammergauer Schnitzerei und ihrer wirtschaftlichen Entfaltung* (Georg Jakob Wolf, S. 668) durch das Aufkommen der Grödner Heimindustrie gesprochen.

Ende der fünfziger Jahre des vorigen Jahrhunderts befassen sich laut Oberammergaus Chronisten Daisenberger *mit der Schnitzkunst, neben der Besorgung ihrer kleinen Oekonomie, dermalen 62 Hausväter. Beiläufig ebenso groß mag auch die Zahl der ledigen unangesessenen Leute sein, die mit Schnitzen ihr Brod verdienen* (Jos. Al. Daisenberger, S. 242).

Erst um 1860 geht die Spielzeugherstellung zugunsten religiöser Schnitzereien zurück. Immerhin wird noch für 1920 die *ganz vorzügliche Ausführung der minutiös nachgebildeten Lastwagen mit Kaufmannsgütern, die als Zunftzeichen hergestellt werden* (Oberammergau, »Führer durch das . . .«, S. 25) als Zweig der alten Spielwarenindustrien gelobt.

Ein besonderes Kennzeichen für Oberammergauer Spielwaren ist bis zur Mitte des 19. Jahrhunderts ihre feine Bemalung; eine Besonderheit im Warenangebot sind die 1816 beschriebenen *Festungen, feierlichen Einzüge und Schlachten . . . Das Ganze hat gewöhnlich die Größe eines mittelmäßigen Tisches; viele hundert Figuren kommen durch einen Zug in Bewegung, einzelne Abteilungen von Soldaten marschieren zu Fuß und zu Pferd, man hört die Trommeln, Trompeten und Kanonen . . .* (»Führer durch das Oberammergau«, S. 10).

Einen hervorragenden Überblick über das Warenangebot der alten Heimindustrie gibt die große Spielzeugsammlung des Oberammergauer Heimatmuseums.

Berchtesgaden

In enger Beziehung zu Oberammergaus Heimindustrie ist das Berchtesgadener Gebiet zu sehen. Die dabei immer wieder genannte Jahreszahl von 1111 für die Anfänge der Berchtesgadner Schnitzkunst beruht auf einer bis heute unbewiesenen Annahme, droht aber wegen ständiger Wiederholung als korrekt angesehen zu werden.

In einer Urkunde des Klosters Benediktbeuren aus dem 12. Jahrhundert wird »Nithardus tornator de Perhteskaderne« genannt. Möglicherweise wurde dieser frühe Drechsler Nithardus aus Berchtesgaden bei der Wiederherstellung der Benediktbeurer Stiftskirche beschäftigt, die in das genannte Jahrhundert fällt.

1393 wird in einer Kaufurkunde »Ulrich der Schnitzer« erwähnt, aber erst aus dem Jahre 1506 stammt ein Schriftstück, das auf eine Ausbreitung dieses Handwerks schließen lassen könnte. Es handelt sich um einen Schiedsspruch im Streit zwischen dem Berchtesgadner Fürstpropst und seinen Untertanen. In diesem sog. »Fuchsbrief« wird bestimmt: *waz ainer auf sein Rugken unterainst tragt, soll Zoll und Mewt* (Maut) *frey sein* (nach August Hartmann, S. 5). Bei einer so kleinen Holzmenge, die auf dem Rücken getragen werden kann, darf angenommen werden, daß es sich hier um Schnitzholz handelt. Und tatsächlich bekommen die Berchtesgadner Drechsler, Löffler und Spindelmacher bereits 1535 die erste Handwerksordnung. Es folgen im 16. und 17. Jahrhundert Ordnungen für weitere Zweige des Handwerks. Überhaupt wird die Berchtesgadner Heimindustrie, die in ihren Anfängen auf Gebrauchsgegenstände beschränkt ist, von Anfang an durch strenge Zunftordnungen geprägt.

Ende des 16. Jahrhunderts soll die »Berchtesgadner War'« bereits in allen Teilen der handelnden Welt bekannt gewesen sein. 1617 bekommen die Berchtesgadner Salz-Bergknappen auf Grund alter Privilegien das Recht zugesprochen, als Nebenerwerb für die Holzwarenindustrie zu arbeiten, sofern sie das Handwerk erlernt haben. Hier in Berchtesgaden wird also, ähnlich wie im Erzgebirge, die Heimindustrie Nebenerwerb nicht nur zur Landwirtschaft, sondern auch zum (Salz-)Bergbau.

Schon 1659 wird von einer Überbesetzung des Handwerks gesprochen. Ein zum Teil aus dem Jahre 1655 stammendes Verzeichnis von Spielwaren nennt bereits all die Artikel, die auch in späterer Zeit in den anderen Zentren für Holzspielzeug-Heimindustrien gefertigt werden.

Im 17. Jahrhundert steht die Berchtesgadner Holzindustrie in voller Blüte; aber schon im Jahrhundert darauf macht sich ein Rückgang bemerkbar, der im 19. Jahrhundert größere Ausmaße annimmt. Immerhin ist gegen 1860 noch für fast ein Viertel der Bevölkerung des ganzen Bezirks, d. h. für ca. 2000 Personen die Holzwarenfabrikation Haupterwerbsquelle (man vergleiche hier das Ausmaß der Heimindustrien in Oberammergau und Gröden um diese Zeit). Es arbeiten in Berchtesgaden Meister, Gesellen, Familienmitglieder, Dienstboten und nicht konzessionierte sog. »Fretter«. Sie alle stellen die »Berchtesgadner War'« her, die allerdings in der Hauptsache aus Gebrauchsgegenständen besteht und erst in zweiter Linie neben Ziergegenständen auch Kinderspielzeug umfaßt. Hauptartikel für Berchtesgaden sind große und kleine Schachteln, verschieden ausgeführt, bemalt und unbemalt. Ein Bericht aus dem Jahre 1816 erzählt von einer mechanischen Vorrichtung, die es einem Bauern erlaubt, 2000 Schächtelchen innerhalb einer Woche herzustellen und zu einem Preis von vier Gulden zu verkaufen!

Für die Ware aus Berchtesgaden wurde — ähnlich wie in Sonneberg — Nürnberg neben dem direkt betriebenen Handel zum Vermittlungsort.

Verschiedene Bestrebungen versuchen, die rückläufige Tendenz der Holzwarenfabrikation in Berchtesgaden aufzuhalten. So wird in der ersten Hälfte des 18. Jahrhunderts der Vererbungszwang aufgehoben; d. h. das Handwerk wird nicht mehr vom Meister auf seinen Sohn weitervererbt. Es ergibt sich aus dieser Maßnahme aber keine Verbesserung für das Gewerbe.

Zur Schonung des Forstes gibt es 1797 eine Anordnung, nach der besonders holzverschwendende Arbeiten nicht mehr geduldet werden sollen.

Anfang des 19. Jahrhunderts richtet der Verleger Johann Wallner im Schlößchen Adelsheim in Berchtesgaden eine Art Museum ein, *in dem neben vielen gewählten Kunsterzeugnissen anderer Orte* auch *eine vollständige Mustersammlung aller in der Gegend seit Jahrhunderten gefertigten Schnitz- und Spielwaren für Kinder gezeigt werden* (August Hartmann, S. 18 ff.). Diese Sammlung soll 12.000 Nummern umfaßt haben, ist aber leider verschollen.

Unter anderem wird in Berchtesgaden die Konkurrenz von Sonneberg und Gröden als Grund für die rückläufige Tendenz in der Spielzeug-Heimindustrie des 19. Jahrhunderts angegeben.

Zur Verbesserung der heimindustriellen Erzeugnisse wird 1840 eine »Zeichnungsschule« eröffnet — aber auch dieser Schritt kann die Spielwarenherstellung gegen die starke auswärtige Konkurrenz nicht halten.

Die nach dem Zweiten Weltkrieg gegründete »Berchtesgadner Handwerkskunst« bemüht sich, mit der Herstellung einiger Artikel des alten Warenangebotes und mit Arbeiten nach vorzüglichen neuen Mustern — sämtliche in Berchtesgaden entwickelt — die alte Tradition aufrechtzuerhalten. Keine Absatzsorgen, sondern das Problem um die Nachwuchskräfte aus der jüngeren Generation, drohen diesen an sich geglückten Versuch auf längere Sicht hin scheitern zu lassen. Auch hier wandern bis heute die in der Fachschule für Holzschnitzerei ausgebildeten Schnitzer zur Bildhauerei ab. Im Jahre 1978 verstarb der letzte »Grobschnitzer«, der all die kleinen Berchtesgadner Figuren herstellte, die nun, bis zum erneuten Anlernen eines Arbeiters auf diesem Gebiet, nicht mehr zu haben sein werden.

Wegen des Verlustes der Wallnerschen Sammlung kann im Berchtesgadner Heimatmuseum leider nur wenig Spielzeug gezeigt werden. Ein umfassender Einblick in das Warenangebot und die Ausführung Berchtesgadner Spielzeugs aus früherer Zeit ist hier nicht zu gewinnen.

Thüringen/Sonneberg

Die thüringische, die sogenannte »Sonneberger« Heimindustrie ist etwa ab dem 19. Jahrhundert zu unterteilen in Südthüringen mit Sonneberg und Nordthüringen mit Waltershausen als Zentrum (mdl. A. Werner Habicht).

Schon Anfang des 14. Jahrhunderts sollen von Bauern im Winter Küchengeräte, hölzerne Schachteln und Koffer, Löffel usw. hergestellt und zum Teil von Nürnberger Kaufleuten aufgekauft, zum anderen Teil von Hausierern abgesetzt worden sein.

Die Entdeckung von Wetzstein- und Griffelbrüchen bringt eine enge Verbindung der Gegend zu Nürnberger Händlern; und aus Nürnberg, wo schon 1413 und 1465 urkundlich Dockenmacher nachzuweisen sind, kommt wohl auch die Anregung in die waldreiche Gegend, Spielzeug zu schnitzen.

Diese enge Beziehung zu Nürnberg wird Anfang des 17. Jahrhunderts, im Dreißigjährigen Krieg, unterbrochen, und der Handel mit Schnitzwaren wird von der einheimischen Bevölkerung übernommen.

Zeitweise betreiben die sog. »Wismuthmaler« auch den Vertrieb der Waren, neben ihrer Arbeit, das Spielzeug zu bemalen und mit einem einfachen Lack zu überziehen. 1764 schließen sie sich zu einer eigenen Innung zusammen, um aufkommender Konkurrenz zu begegnen.

Wann in Sonneberg mit der Produktion von Spielzeug begonnen wurde, ist nicht belegbar. Im Jahre 1688 wird »Claus Eichhorn, Pfeuffenmacher« genannt. Zu Anfang des 18. Jahrhunderts hat die Sonneberger Heimindustrie schon Geschäftsverbindungen zu vielen europäischen Ländern. Der Spiel- und Holzwarenexport steigt nachweislich im Jahre 1735 auf 12.000 Zentner (mdl. A. M. und J. Cieslik). Die oft genannte Zahl von 1200 Zentner beruht anscheinend auf einem Druckfehler, der sich bis in neuere Bucherscheinungen hinein weitervererbt hat.

Schon Ende des Jahrhunderts, um 1781, wird davon gesprochen, daß die Spielwarenverleger ihre Preise gegenseitig zum Schaden der Schnitzer, Drechsler und Maler unterbieten. Diese Entwicklung läßt darauf schließen, daß der Konkurrenzkampf sich auch im thüringischen Gebiet verschärft hat. Um diese Zeit sind in Sonnebergs Heimindustrie nur 30 Händler zugelassen. Rechte und Pflichten dieser Verleger wurden 1789 im sog. »Großen Handelsprivileg« genau festgelegt. Besonders wichtig für die Spielzeughersteller ist dabei die Verpflichtung für die Händler, ein Warenlager zu halten, um die Saisonarbeit in eine ganzjährige Beschäftigung der Arbeiter umzuwandeln. Auf dem Papier ist diese Handelsordnung zwar bis zum Inkrafttreten der Gewerbefreiheit (1862) gültig — tatsächlich aber werden die darin beschriebenen Pflichten bald schon umgangen, und nur die Rechte der Verleger wirken sich weiterhin aus.

1848 liegt das Verkaufmonopol in den Händen nur weniger Sonneberger Familien. Da der Verdienst der Hersteller nur gering ist, wird ein Teil der Ware unter Umgehung der Verleger durch Hausierer verkauft.
Eine Sonderstellung unter den Heimindustrien für Holzspielzeug nimmt das thüringische Gebiet insofern ein, als hier neben geschnitzter Ware im Laufe der Zeit auch andere Materialien zur Spielzeugherstellung verwendet wurden.
1781 schließen sich die »Bossierer«, die bis dahin mit den Malern zusammen in einer Innung sind, der Dockenmacherzunft an. Diese Bossierer modellieren aus dem sog. »Taig« — einer Masse aus Wasser, Schwarzmehl und Leim — Figuren, die mit dem Schnitzmesser schwierig und zeitraubend herzustellen sein würden. Der Nachteil dieses Materials ist, daß es weder gegen Feuchtigkeit oder trockene Hitze noch gegen Mäuse- und Rattenfraß widerstandsfähig ist. Um die Ware — besonders für den Transport nach Übersee — gegen Feuchtigkeit, Hitze und vor allem gegen Ratten und Mäuse zu sichern, versuchte man — vergeblich — durch verschiedene Zusätze wie z. B. Gips und Quarzsand Abhilfe zu schaffen.
Zwischen 1806 und 1820 arbeiten Sonneberger Bossierer an der Herstellung einer geeigneteren Masse unter Benützung von nassem Papier, Gips und Leim bzw. nassem Papier und Kaolin. Hier in Sonneberg wird dieses sog. »Papiermaché« erstmals in der Spielzeugproduktion verwendet, obgleich es an sich schon lange bekannt ist. An der dadurch aufkommenden Konkurrenz geht der Stand der Bossierer zugrunde. Die aufblühenden Papiermaché-Fabrikwerkstätten locken sogar auswärtige Arbeitskräfte nach Sonneberg, und die Herstellung dieses neuartigen, leicht und schnell anzufertigenden und leicht und billig zu transportierenden neuen Spielzeugs nimmt einen großen Aufschwung.
Für das Holzspielzeug, auch der übrigen Heimindustrien, ist es unmöglich, mit den niedrigen Preisen der so leicht in Massen herstellbaren Ware Schritt zu halten.
Der Höhepunkt in der thüringischen Holzspielzeugindustrie liegt etwa um das erste Viertel des 18. Jahrhunderts. Bereits nach 70 bis 80 Jahren sinkt aber die Produktion auf etwa die Hälfte ab. Auch hier verschlechtert sich die Lage der heimindustriellen Spielzeughersteller im Laufe der Entwicklung aus ähnlichen Gründen wie in Grödens Heimindustrie.
Um sich einen Überblick über das thüringische Warenangebot der alten Heimindustrie zu verschaffen, lohnt sich der Besuch des Deutschen Spielzeugmuseums Sonneberg und des Heimatmuseums Waltershausen auf Schloß Tanneberg, beide in der DDR gelegen.
Einen guten Überblick über das Lieferprogramm dieses Gebietes im ersten Drittel des 19. Jahrhunderts gibt auch »Das Sonneberger Musterbuch«, herausgegeben und kommentiert von Manfred Bachmann (Edition Popp, 1979).
Die Spielwarenindustrie Thüringens nimmt auch heute noch einen bedeutenden Platz auf dem internationalen Spielzeugmarkt ein.

Das Erzgebirge

Die erzgebirgische Spielzeug-Heimindustrie ist in ihren Anfängen bereits nicht nur Nebenerwerb zur Landwirtschaft, sondern steht auch in Wechselbeziehung zum Bergbau. Holzverordnungen der Jahre 1560 und 1588 beweisen, daß das Gewerbe auf ältere Zeiten zurückgeht. Auch hier werden anfangs Gebrauchsgegenstände aus Holz gefertigt, aber es haben sich auch figürliche Arbeiten, und zwar Bergmannsdarstellungen aus den zwanziger Jahren des 16. Jahrhunderts erhalten.

1678 und 1710 wird berichtet von »Confect«, das mit geschnitzten Figuren verziert ist.
Die erste urkundliche Erwähnung eines Drechslers als Teller- und Spindeldreher stammt aus dem Jahre 1644. Von diesem Zeitpunkt an tritt der Beruf des Drechslers ständig in Erscheinung, und zwar zunehmend mit dem Rückgang des Bergbaus, der 1849 endgültig zum Erliegen kommt. Der einstige Nebenerwerb von Drechsler und Schnitzer ist nun zur Haupteinnahmequelle geworden.

Zwischen 1668 und 1673 arbeiten in der Seiffener Gegend allein 23 Drechsler. Ein Jahrhundert später sind es schon über 100.

In den ersten 100 Jahren, etwa ab 1650, werden Drechselbänke mit Fußantrieb benutzt. Daneben setzen sich um 1750 durch Wasserkraft angetriebene Drehwerke durch. Hier können durch ein einziges wassergetriebenes Hauptrad bis zu 15 kleine Räder angetrieben werden, was ebensoviel Arbeitsplätze für Drechsler ergibt. Diese Plätze werden vom Besitzer an Heimarbeiter zum Drechseln vermietet.
Um die gleiche Zeit etwa, in der diese Drehwerke im Erzgebirge Bedeutung zu bekommen beginnen, wird auch der Anfang der dortigen Spielzeugproduktion angenommen, belegt durch einen Bericht aus dem Jahre 1804.

Neben der Spielzeugschnitzerei in einzelnen Gebieten des Erzgebirges stellt die gedrechselte Ware den Hauptanteil des Angebotes dieser Heimindustrie.

Einen besonderen Raum nimmt hier die »Reifendreherei« ein, eine Technik, die allein im Erzgebirge — und dort nur in Seiffen und seinen Nachbarorten — angewendet wird. Über die Entwicklung dieser Technik und über ihre Anfänge fehlen bis heute noch stichhaltige Unterlagen. Ihre Blütezeit liegt am Ende des 19. Jahrhunderts und zu Anfang unseres Jahrhunderts. Die Reifendreherei ist, neben der Herstellung reiner Drechselware, eine der Grundlagen, auf der sich die erzgebirgische Massenproduktion von Spielzeug entwickeln kann. Es werden dabei aus nassem Fichtenholz Profilreifen gedrechselt, deren Profil jeweils die Seitenansicht eines bestimmten Tieres darstellt. Nach Zerspaltung in 40—60 Stücke erhält man die Rohform für ebenso viele Tiere bzw. deren Zubehörteile wie Rüssel, Schwänze, Ohren usw., die nur noch überschnitzt zu werden brauchen — in früherer Zeit eine Arbeit für Frauen und Kinder.

Ein besonders begabter Drechsler soll im letzten Jahrhundert an die 100 (!) verschiedene Profile aus dem Gedächtnis gedrechselt haben.

Zur Herstellung eines Reifens wird eine verschiedene Anzahl an »Dreheisen« (die »Messer«, mit denen gedrechselt wird) benötigt, für einen Pferdereifen z. B. dreizehn, für einen Kuhreifen nur zehn unterschiedliche Eisen.

Die Massenanfertigung des sog. »Pfengviech« oder »Elendsviech« läßt das Erzgebirge zu einer ernstzunehmenden Konkurrenz für alle übrigen Holzspielzeug-Heimindustrien werden, in denen nach herkömmlicher Weise jedes Tier einzeln geschnitzt wird. Diese erzgebirgische Ware wird buchstäblich verschleudert. Kurz vor dem Ersten Weltkrieg erhielt z. B. der Hersteller von Reifentieren für die einfachste Sorte fünf Pfennig für einen Schock (60 Stück!)

Die Verarmung der Spielzeughersteller nimmt in der zweiten Hälfte des 19. Jahrhunderts so zu, daß von einer Verelendung gesprochen werden muß. Auch hier gibt es keinerlei Zusammenschlüsse der Arbeiterschaft.

Die Kinderarbeit ist noch bis in die dreißiger Jahre unseres Jahrhunderts (!) verbreitet. Die Kindersterblichkeit im Seiffener Spielwarengebiet beträgt nach Hellmut Bilz im Jahre 1900 in den ersten fünf Lebensjahren 32% (!)

Zum typisch erzgebirgischen Warenangebot gehören in Spanschachteln verpackte, mit Reifentieren und -häusern bestückte Schäfereien, Märkte, Dörfer usw. ebenso wie einfach gedrechselte Figuren, Räuchermann, Weihnachtsengel, Bergmann und die verschiedensten »Klimperkästchen«.

Die erzgebirgische Holzspielwarenindustrie — wie Gröber meint »der größte Glücksfall beim Spielzeug« — hat sich bis heute erhalten und beliefert »alle Welt«. Interessant ist der Vergleich des heutigen Angebotes mit der Produktion des vorigen Jahrhunderts. »Das Waldkirchner Spielzeugmusterbuch um 1850« (Heimeran 1977, herausgegeben und kommentiert von Manfred Bachmann) gibt hier in jeder Hinsicht einen hervorragenden Überblick.

Lohnend ist auch der Besuch des Erzgebirgischen Spielzeugmuseums Seiffen in der DDR, in dem neben dem vielen Spielzeug auch eine originale Wohn- und Arbeitsstube aus dem Jahre 1900 gezeigt wird.

XII Quellen- und Literaturnachweis. Mündliche Auskünfte

Übersetzungen:
Englisch: Ute Forsythe-Jauch; London
Russisch und Polnisch: Karin von Samson-Himmelstjerna; Langeoog
Italienisch: Renata Rivelli; Rom
Latein: Alexander Stäblein; Irschenhausen

Im Verzeichnis sind lediglich Quellen und Literatur angegeben, die direkt für diese Arbeit herangezogen wurden. Der Verlag hat sich mit der Verfasserin dahingehend geeinigt, daß im Text nur die kursiv gedruckten Zitate belegt werden, um die Lesbarkeit des Buches durch häufige Literaturhinweise nicht zu beeinträchtigen.

Die Verfasserin ist jederzeit bereit, zu bestimmten Abschnitten Auskunft über das hierzu verwendete Quellen- und Literaturmaterial zu geben. Anschrift: Rita Stäblein, Neufahrner Weg 11/D-8026 Irschenhausen (Bayern).

Adlatus, »Aus der Geschichte der Puppenfabrikation« in: Schweizerische Spielwarenzeitung Nr. 10, Jahrgang 11, Verlag Dr. Marfurth u. Cie, Langnau

Alton, G., »Das Grödenthal« in: Zeitschrift des deutschen u. österreichischen Alpenvereins, 1888, Bd. 19

Angerer, Johann, »Die Hausindustrie im deutschen Südtirol« in: Statistischer Bericht der Handels- und Gewerbekammer in Bozen für das Jahr 1880, Bozen 1881 (Sonderdruck)

Dell'Antonio, Cirillo, »Artisti Ladini 1580—1939«, 1951

Astolfi, Edgar, »Bericht über die Heimarbeit in Österreich«, Wien 1901

Bachmann, Manfred, »Das Sonneberger Spielzeugmusterbuch. Spielwarencharte von Johann Simon Lindner in Sonneberg« (Edition Leipzig 1979), Lizenzausgabe, Edition Popp, Würzburg 1979

Bachmann, Manfred, »Das Waldkirchner Spielzeugmusterbuch« (Edition Leipzig 1977), Verlag Heimeran 1977

Bachmann, Manfred, »Seiffener Spielzeugschnitzer«, Leipzig 1956

Back, Marianne, Mexico City, mdl. A.

Bestelmeier, Georg Hieronymus, »Magazin von verschiedenen Kunst- und anderen nützlichen Sachen...«, Nürnberg um 1800 (Reprint Edition Olms Zürich, 1979)

Bilz, Hellmut, »Das Reifendreherhandwerk im Spielwarengebiet Seiffen«, Erzgebirgisches Spielzeugmuseum Kurort Seiffen, Schriftenreihe Heft 3, Seiffen 1976

Bilz, Hellmut, »Stellung und soziale Lage der Spielzeugmacher im 19. Jahrhundert«, Erzgebirgisches Spielzeugmuseum Kurort Seiffen, Schriftenreihe Heft 2, Seiffen 1975

Bilz, Hellmut, »Überblick über die Entwicklung der erzgebirgischen Spielwarenindustrie von ihren Anfängen bis 1945«, Erzgebirgisches Spielzeugmuseum Spielzeugdorf Kurort Seiffen, Schriftenreihe Heft 1, Seiffen 1973

v. Boehn, Max, »Dolls« (= 1. Band »Von Puppen und Puppenspielen«, bei Bruckmann 1929), Dover Publications, INC. New York 1972

Burglechner, Mathias, Chronik von 1620

Cieslik, Marianne und Jürgen, Jülich, mdl. A.

Coleman, Dorothy, Elizabeth and Evelyn, »The Collector's Encyclopaedia of Dolls«, Robert Hale & Co., London 1974

Craffonara, Lois, Istitut Ladin, Piculin. mdl. A.

Dahlke, G., »Holzschnitzindustrie im Grödner Thal.« in: Wochenschrift zur Förderung deutscher Kunst-Industrie. 1877, Nr. 44, 45 und 46; Herausgeber: Bayer. Gewerbemuseum zu Nürnberg

Daisenberger, Jos. Al., »Geschichte des Dorfes Oberammergau«, München 1859/61; Herausgeber: Historischer Verein (Obb. Archiv für vaterländische Geschichte) Band XX

Demetz, Johann Nep., »Preis-Courant der Spielwaren-Manufaktur von Johann Nep. Demetz ... in Wolkenstein in Gröden (Tirol)« 1908

Dewiel, Lydia, »Die alte Oberammergauer Volkskunst«, Sendung des Bayer. Rundfunks 15. 6. 1969

Edwards, Amelia, »Untrodden Peaks and Unfrequented Valleys«, London, George Routledge and Sons 1890, (1. Auflage von 1873 wurde nicht verändert)

von Eitelberger, R., »Die Hausindustrie im Grödner Thal« (Aus den Mitteilungen des k. k. österr. Museums für Kunst und Industrie) in: Beilage 58/59 zur Volks- und Schützenzeitung Nr. 119/120 (1868)

Exner, Wilhelm, »Die Hausindustrie des Grödner Thales« in: Meraner Zeitung Nr. 141/142, November 1886

Exner, Wilhelm, »Die Hausindustrien Österreichs«, Wien 1890

Fawdry, Marguerite, Pollock's Toy Museum, London. mdl. A.

Fiebiger, Herbert, »Bevölkerung und Wirtschaft Südtirols«, Bergisch Gladbach 1959

Flechner, R., »Mitteilungen über die Holzindustrie in Tirol« in: Mitteilungen des Tiroler Gewerbevereins 1891

Fraser, Antonia, »Dolls«, Octopus Books, London 1973 (1. Aufl. 1963)

Fraser, Antonia, »Spielzeug«, Gerhard-Stalling-Verlag 1966

Frei, Mathias, »Kunstreise durch Südtirol«, Südtiroler Bildverlag; Bozen; Verlag Josef Berg, München 1977

Geist, Hans Friedrich/Mahlau, Alfred, »Spielzeug. Eine Staackmannfibel«, 2. Auflage 1971, L. Staakmann Verlag, München

Giovanardi, Julie, Bozen. mdl. A.

Gröber, Karl, »Alte deutsche Zunftherrlichkeit«, Callwey Verlag, München 1936

Gröber, Karl, »Alte Oberammergauer Hauskunst«, Verlag Filser, Augsburg 1930

Gröber, Karl, »Der alte Nürnberger Spielzeughandel« in: Zeitschrift Bayerland, Bd. 39, 1928

Gröber, Karl, »Kinderspielzeug aus alter Zeit«, Berlin 1927

»Gröden und sein Heimatmuseum., Ein talkundlicher Führer« — Museum de Gherdëina, Cësa di ladins, St. Ulrich 1966

Haberlandt, Arthur, »Die Holzschnitzerei im Grödner Tale« in: Werke der Volkskunst, Band II, Heft 1, Kunst- und Verlagsanstalt J. Löwy, Wien 1914

Haberlandt, Arthur, »Führer durch das Museum für Volkskunde«, Wien 1930

Habicht, Werner, Schloßmuseum Waltershausen/Thüringen, mdl. A.

Hartmann, August, »Zur Geschichte der Berchtesgadener Schnitzerei«, G. Franz'sche Hofbuchdruckerei (G. Emil Mayer), München 1903

Helm, A., »Das Berchtesgadner Land im Wandel der Zeit«, Selbstverlag 1929; Reprint: Verlag Berchtesgadner Anzeiger 1974

Hermann, Josef, »Tirol unter der baierischen Regierung«, Aarau 1816, 1. Band

von Hermann, Dr. Fr. B. W., »Bericht der Beurtheilungs-Commission bei der allgemeinen deutschen Industrie-Ausstellung zu München im Jahre 1854 (1855)

Hoeniger, Karl Theodor, »Ursprung und Entwicklung der Industrie im Tiroler Etschland bis 1918« (= »Die Industriewirtschaft in der Region Trentino-Tiroler Etschland«, I. Teil, Heft 8), Trento 1956

von Hörmann, Ludwig, »Gröden und seine Schnitzwarenindustrie« in: Alpenfreund, III. Band, 1871

von Hörmann, Ludwig, »Tiroler Volkstypen« (Beiträge zur Geschichte der Sitten und Kleinindustrie in den Alpen), Wien 1877

Howitt, Margarit, »A Tribe of Toymakers« in: Leisure Hour. (1875)

Innsbrucker Nachrichten 1902, Nr. 3; »Die Spielwaren Industrie im Grödner Thale«

Insam, Matteo, »Chronik«, Venedig 1814

Insam & Prinoth, Geschäftskorrespondenz zwischen 1907 und 1928

Insam & Prinoth, »Preiscourant 1888, 1890, 1922, undatiert zwischen 1920 und 1939, 1 Musterbuch vor 1888

Insam-Neuhaus, Vinzenz (†), St. Christina, mdl. A.

Intelligenzblatt für den Eisackkreis, 1809, »Die Grödner (und ihre Beschäftigung)«

Jele, Alb., »Die Holzschnitzerei Altgrödens und ihre Technik«, in: Tiroler Bote 1899

Kaut, Hubert, »Alt-Wiener Spielzeugschachtel«, Hans Deutsch Verlag AG, Wien 1961

Keeß, Edler von, Stephan, »Beschreibung der Fabricate, welche in den Fabriken ... des österreichischen Kaiserstaates erzeugt werden«, 2. Band, Wien 1823

Keeß, Edler von, Stephan, »Beschreibung der rohen Materialien, welche in den Fabriken ... des österreichischen Kaiserstaates verarbeitet werden«, Band 1, Wien 1823

Keeß, Edler von, Stephan, »Darstellung des Fabrik- und Gewerbewesens im österreichischen Kaiserstaate ...«, »Arbeiten aus Holz«, Teil 2, Band 1 und 2, Wien 1819—24

Knobloch, Joseph, »Krämergepflogenheiten in alter Zeit« in: Zeitschrift Bayerland, Bd. 39; 1928

Kohl, J. G., »Reisen im südöstlichen Deutschland«, Band 1, Leipzig 1852

Krone, Julius, »Gewerbsthätigkeit im Grödner Thale« Österr. Archiv für Erdbeschreibung, Staatskunde, Kunst und Literatur. F. Becksche Univers. Buchhandlung, Wien, März 1833

Lang, Georg, »Georg Lang sel. Erben — Katalog von 1833«

Langes, Gunther, »Ladinien«, Verlagsanstalt Athesia, Bozen (1970) 1977

Lehmann, Emmy, »Die Puppe im Wandel der Zeiten«, in: Schriftenreihe des Deutschen Spielzeugmuseums, Sonneberg/Thüringen, Leipzig/Jena 1957

L e w a l d, A u g u s t, »Tyrol« (Gröden und der Spielwarenhandel), München 1835

L u n z, R e i m o, Stadtmuseum Bozen, mdl. A.

L u t z, W i l h e l m, »Gröden«, Landschaft, Siedlung und Wirtschaft eines Dolomitenhochtales, Universitätsverlag Wagner, Innsbruck 1966

L u t z, W i l h e l m, »Gröden — Landschaft und Mensch« in: Jahrbuch d. Österr. Alpenvereins 1958 (= Alpenvereinszeitschrift Bd. 83)

M a g n e r, E d u a r d, »Die Hausindustrie in den österreichischen Alpenländern«, Kap. Holzverarbeitende Hausindustrie. In: Zeitschrift des Deutschen und Österreichischen Alpenvereins, Jg. 1891, Bd. XXII

M a l s i n e r, J o h a n n, St. Christina/Gröden, mdl. A.

M a r d e r s t e i g, A u g u s t, »Aus dem Bereich des König-Friedrich-August-Höhenweges in den Zentraldolomiten«, Weimar 1910

M ö h n e r, R e g i n b a l d, »Tourist in Österreich während der Schwedenzeit. Aus den Papieren des Pater Reginbald Möhner« (1635—1651), Albin Czerny, Linz 1874

M o r o d e r, A l e x, St. Ulrich/Gröden, mdl. A.

M o r o d e r, C h r i s t i a n, Dorf Tirol, mdl. A.

M o r o d e r, E d g a r, »Neuer Führer von Gröden«, Verlag Manfrini 1974

M o r o d e r, F r a n z, »Das Grödner Tal«, St. Ulrich in Gröden (1891) 1914

M o r o d e r - L u s e n b e r g, W i l h e l m, »Die ersten Anfänge der Grödner Holzschnitzerei« in: Österreichische Alpenpost, 5. Jg. Nr. 20; 25. Oktober 1903.

M o r o d e r - L u s e n b e r g, W i l h e l m, »Markt St. Ulrich im Grödentale«, St. Ulrich 1908

M o r o d e r, R o b e r t, Heimatmuseum St. Ulrich/Gröden, mdl. A.

M ü l l e r, K a r l, »Ansichten aus den deutschen Alpen«, Kap. 16 »Zur Seiseralpe«, Halle 1858

N e u e T i r o l e r S t i m m e Nr. 95, Beilage »Hausindustrie in Gröden 1780«. Auszug aus Zeitschrift Ephemerides vom 9. Juni 1780

N i e g e l m a n n, A., »Amtlicher Führer durch die Sonneberger Spielzeugschau« (13. Oktober bis Mitte November 1934), Breslau 1934

N o ë, H e i n r i c h, »Bozen und Umgebung«, Bozen 1898

»O b e r a m m e r g a u«, Museumsführer 1957

O b e r a m m e r g a u: »Führer durch das Verleger Lang'sche ... Oberammergauer Museum«, Verlag Gg. Lang sel. Erben, Oberammergau

O w, F r e i h e r r v o n, F e l i x, »Das Kunstholzhandwerk im Oberbayerischen Salinen Forstbezirke Berchtesgaden« Joh. Palm's Hofbuchhandlung München 1860 (Reprint 1972, Nr. 4). Berchtesgadner Schriftenreihe

P a u l a S c h r a n k, v o n, F r a n z, »Baierische Reise«, 1786 München bei Joh. Bapt. Strobl

P e r a t h o n e r, J. A., »Über das Alter der Grödner Holzspielwaren-Industrie« in: Schlern, Jg. 1923

P l o e t z, K a r l, »Hauptdaten der Weltgeschichte«, A. G. Ploetz Verlagsbuchhandlung, Würzburg 1957, 28. Auflage

Pöschl, Viktor, »Spiel und Spielware in Wirtschaft und Wissenschaft«, Dr. Max Jänecke Verlagsbuchhandlung, Leipzig 1937

Rampold, Josef, »Vinschgau«, Athesia Bozen (1971) 1977

Rausch, Ernst, »Die Sonneberger Spielwarenindustrie«, Berlin 1901

Rifesser, Ferdinand, Wolkenstein/Gröden, mdl. A.

Rifesser, Josef, »Die Grödner Bahn«, Bozen 1906

Rohrer, J., »Uiber die Tiroler«, Dollische Buchhandlung, Wien 1796

Schwarz, Erica, »Berchtesgadener Handwerkskunst«, Pannonia Verlag, Freilassing 1977

»Schweizerischer Sport- und Spielwarenhändler« 11. Jahrg. Nr. 6, 31. März 1931, Verlag Dr. Marfurth und Cie. Langnau/Reiden

Senoner-Vastlé, Adolf, St. Ulrich/Gröden, mdl. A.

Siebertz, Paul, »Das Guido Langsche Museum in Oberammergau« in: Zeitschrift Bayerland XXXVI, 21, 1. November 1925

Staffler, Johann Jakob, »Tirol und Vorarlberg«, II. Bd., 2. Heft, Innsbruck 1846

Steinbrucker, Charlotte, »Das Spielzeug im Wandel der Jahrhunderte«, Berlin-Friedenau im Selbstverlag 1939

Steiner, Josef, »Der Sammler für Geschichte und Statistik von Tirol«, Innsbruck 1807

Stolz, Otto, »Geschichte des Zollwesens, Verkehrs und Handels in Tirol und Vorarlberg«, Univers.-Verlag Wagner, Innsbruck 1953

Tagebuch v. J. 1754; Amts Notizen eines Rates bei der Hofkammer zu Innsbruck«, Handschrift

Tarneller, Josef, »Die Hofnamen im Untern Eisacktal«, II. Die alten Gerichte Kastelrut und Gufidaun, Wien 1921

Trautenhahn, Fritz, »Das Schnitzen im Erzgebirge« Glückauf-Verlag, Schwarzenberg i. Erzgeb. 1937

Tiroler Bote, »Über den Handel der Grödner«, in: Der Kaiserlich Königlich privilegierte Bothe von Tyrol, Nr. 49; 18. Juni 1818

Tiroler Bote, »Kunstfleiß und Handel der Grödner mit Holzwaren«, in: Der Kaiserlich Königlich privilegierte Bothe von und für Tirol und Vorarlberg, Nr. 63; 7. August 1820

Tiroler Bote, »Über die Holzschnitzereiwaren von Gröden« in: Der Kaiserlich Königlich privilegierte Bothe von und für Tirol und Vorarlberg, Nr. 31, 16. April 1829

Tiroler Bote, »Die Industrie im Grödnerthale« in: Bote für Tirol und Vorarlberg, 81. Jahrg., Nr. 233/34, 10. Oktober 1895

Tschekalow, Alexander K., »Russisches Volksspielzeug«, VEB-Verlag der Kunst, Dresden 1972

Vian, Joseph Anton, »Gröden, der Grödner und seine Sprache«, Bozen 1864

Vierthaler, F. M., »Wanderungen durch Salzburg, Berchtesgaden und Österreich«, Wien 1816

Weber, Beda, »Das Land Tirol«, Handbuch für Reisende Bd. 3, Innsbruck 1838

Weigel, Christoff, »Abbildung der gemein-nützlichen Haupt-Stände ...«, Christoff Weigel in Regensburg 1698, Reprint: Proff u. Co. KG, Bad Honnef 1977

W o l f, G e o r g, J a k o b, »Die Oberammergauer Schnitzkunst, in: Das Bayerland XXXIV, Nr. 21; 1. 11. 1925

W o l f, P e t e r P h i l i p p, »Kurzgefaßte Geschichte, Statistik und Topographie von Tirol«, München 1807

W o l k e n s t e i n, von, M a r x S i t t i c h, »Landesbeschreibung von Südtirol«, ca. 1600, in: Schlern-Schriften, 34. Bd. Innsbruck 1936

W o l k e n s t e i n, von, O s w a l d, »Oswald von Wolkenstein. Eine Auswahl aus seinen Liedern«, Burghart Wachinger, Langewiesche Verl. Ebenhausen

W o p f n e r, H e r m a n n, »Zur Geschichte des bäuerlichen Hausgewerbes in Tirol«, Schlern-Schriften, 77, Innsbruck 1951

Bildverzeichnis

Die in Anführungszeichen gesetzten Bezeichnungen wurden alten Grödner Preislisten entnommen.
Die Datierung wurde nach Absprache mit ehemaligen Arbeitern der Spielzeug-Heimindustrie und ehemaligen Spielzeugverlegern sowie nach Kenntnissen der Autorin vorgenommen. »Hergestellt bis ...« weist darauf hin, bis zu welcher Zeit im großen und ganzen die betreffende Art Spielzeug in Gröden angefertigt wurde.